中国农业品牌发展报告（2025）

农业农村部市场与信息化司
中国农业大学　主编

中国农业出版社

北　京

图书在版编目（CIP）数据

中国农业品牌发展报告. 2025 / 农业农村部市场与信息化司，中国农业大学主编. -- 北京：中国农业出版社，2025. 4. -- ISBN 978-7-109-33172-3

Ⅰ. F323.7

中国国家版本馆CIP数据核字第2025X8M430号

中国农业出版社出版

地址：北京市朝阳区麦子店街18号楼

邮编：100125

责任编辑：吴洪钟

版式设计：小荷博睿　　责任校对：吴丽婷

印刷：中农印务有限公司

版次：2025年4月第1版

印次：2025年4月北京第1次印刷

发行：新华书店北京发行所

开本：787mm×1092mm 1/16

印张：6.5

字数：95千字

定价：88.00元

编辑委员会

序言

　　在新阶段和新格局下，农业品牌已成为驱动产业增值、衔接小农户与大市场、提升中国农业国际话语权的战略载体。党中央、国务院高度重视农业品牌建设，2023年、2024年中央一号文件对农业品牌建设做出重要部署，鼓励各地因地制宜大力发展特色产业，支持打造乡土特色品牌，支持脱贫地区打造区域公用品牌。习近平总书记十分关心农业品牌发展，在2025年新年贺词中提到天水花牛苹果区域公用品牌和东山澳角村"最美乡村"品牌，并在多次会议上强调，要依托农业农村特色资源，向开发农业多种功能、挖掘乡村多元价值要效益，向一二三产业融合发展要效益，强龙头、补链条、兴业态、树品牌，推动乡村产业全链条升级，增强市场竞争力和可持续发展能力。为深入贯彻习近平总书记关于"三农"工作的重要论述和重要指示批示精神，落实党中央、国务院有关决策部署，各地农业农村部门以"强产业优供给，树品牌提效益"为目标，大力做好"土特产"文章，打牢品牌根基，壮大品牌主体，促进渠道对接，强化营销推广，带动区域产业提质增效和农民增收，为全面推进乡村振兴、加快农业农村现代化提供有力支撑。

适应乡村全面振兴、农业强国建设的新形势新要求，农业品牌建设正从单一营销提效转向全产业链价值重构，通过科技赋能、文化铸魂、生态增值，持续释放引领农业农村现代化、服务农村农民共同富裕的乘数效应。为更好地展现我国农业品牌建设成果，交流品牌建设经验，破解品牌建设难题，在全面梳理总结分析2023—2024年我国农业品牌建设的主要做法、取得成效、存在问题和发展趋势的基础上，形成《中国农业品牌发展报告（2025）》，旨在为推动农业品牌创新发展提供借鉴。

　　本报告由农业农村部市场与信息化司和中国农业大学共同组织编写，全国农业技术推广服务中心、中国蔬菜协会、中国果品流通协会、中国水产流通与加工协会、南京农业大学、国家茶叶产业技术体系、国家中药材产业技术体系、阿里巴巴淘天集团研究中心等单位，各省级农业农村部门和有关专家给予了大力支持和帮助。谨向所有关心本报告的各界人士表示衷心感谢！

编辑委员会

2025年3月

目录

下篇　行业报告

总论

中国农业品牌发展报告（2025）

一、农业品牌建设主要做法

当前，我国农业品牌发展处于政策红利期与市场转型期叠加新阶段。需求端，消费升级驱动品牌意识觉醒，带动消费者对品质、安全和特色农产品需求，渠道变革助力农业品牌方便快捷满足多元化消费需求。政策端，各级农业农村部门深入贯彻习近平总书记关于农业品牌建设的重要指示精神，全面落实党中央、国务院决策部署，持续推进我国农业品牌建设；各地聚焦特色优势主导产业，积极顺应消费升级趋势与数字化、智能化发展潮流，因时因地创设品牌政策，规范品牌管理，强化品牌保护，充分发挥品牌引领产业升级作用。农业品牌建设已成为对内激活需求、畅通城乡经济循环，对外瞄准国际市场、提升农产品国际竞争力，促进乡村全面振兴、推进农业农村现代化、加快建设农业强国的重要引擎。

（一）因时因地创新农业品牌政策设计

随着农业品牌建设不断深入，各地各部门不断探索农业品牌发展规律，划分品牌发展阶段，剖析产业发展特点，结合地域自然和人文资源优势，识别当前阶段品牌打造关键环节，遵循品牌建设科学规律创新品牌政策设计，充分发挥品牌建设对产业提档升级的引领带动作用。

1.以优势产业和优质品牌为基础培育精品品牌。中央一号文件强调以农产品主产区和特色农产品优势区为重点，打造现代乡村走廊，实施农业品牌精品培育计划。农业农村部于2022年印发《农业品牌精品培育计划（2022—2025年）》（以下简称《计划》），率先开展农业品牌精品培育，分品类、分梯次、分环节设计品牌支持政策。《计划》提出，到2025

年，聚焦粮油、果蔬、茶叶、畜牧、水产等品类，塑强一批品质过硬、特色鲜明、带动力强、知名度美誉度消费忠诚度高的农产品区域公用品牌，培育推介一批产品优、信誉好、产业带动作用明显、具有核心竞争力的企业品牌和优质特色农产品品牌。按照总体部署，2022—2024年，农业农村部组织开展农业品牌精品培育工作，经省级推荐、形式审查、专家推选、网上公示等程序，将226个区域品牌纳入精品品牌培育计划，对精品培育品牌在基础支撑、品牌营销、渠道对接、消费促进、金融服务和海外推广等方面提供政策支持。省级层面以精品品牌培育为目标，政策向目录品牌倾斜。各省（自治区、直辖市）纷纷发布区域或企业品牌目录，出台目录品牌扶持政策，安排品牌专项资金扶持品牌发展，其中10个省（自治区、直辖市）按照农产品区域公用品牌、企业品牌和产品品牌设计品牌目录和政策举措。现阶段，全国已建设省级农产品区域公用品牌1 100余个、企业品牌2 000余个、产品品牌2 200余个，初步形成了上下联动、梯次培育的农业品牌目录体系。各地积极通过政策制定、机制建立、标准建设等举措大力推进农业品牌精品培育工作。北京、内蒙古、江苏、吉林、辽宁、西藏等省份相继出台《北京市高质量推进农业品牌建设的意见（2023—2025）》《关于印发〈内蒙古农牧业品牌精品培育行动工作方案〉的通知》《江苏农业品牌精品培育计划（2023—2025年）》《吉林省农业品牌精品培育方案（2023—2025年）》《新时代推进辽宁品牌建设三年行动方案（2023—2025年）》《西藏自治区农牧业区域公用品牌培育实施方案（2023—2025年）》等文件，启动实施精品培育计划，组建"精品品牌培育专家组"，开展农业精品品牌的遴选、申报、培育等工作，促进农业品牌影响力竞争力快速提升。重庆、四川、贵州、甘肃等省份聚焦宣传推广、渠道对接等品牌打造关键环节出台支持政策，提升地方精品品牌的影响力竞争力。重庆编制发布《重庆市精品品牌农产品目录》，通过新闻媒体、网站、微博等渠道全方位宣传单品类区域品牌。四川积极促进精品品牌渠道对接，首批集中资源重点培育100个农业精品品牌，先后在广州、杭州等主销区组织开展精品品牌全国推介系列活动，吸引200余家当地采购商参与，累计签订投资及采购合同金额近12亿元。贵州支持精品品牌主体参加各类展销活动，协助对接京东、淘宝、腾讯、多彩宝、一码贵州等新媒体营销资源，加大精品品牌宣传推介力度。甘肃遴选推介年度十大地方公用精品品牌，联合新华网开展精品品牌创建和宣传推介活动，对建设成效明显的100家品牌名录企业给予奖补。

2.以脱贫地区重点产业为核心帮扶培育农业品牌。农业农村部以点带面树立农业品牌帮扶典型。农业农村部积极贯彻落实中央一号文件精神，于2021—2023年先后印发《脱贫地区农业品牌公益帮扶首批帮扶任务落实方案（2021—2022年）》《农业农村部办公厅关于做好2022年脱贫地区农业品牌帮扶工作的通知》《支持脱贫地区打造区域公用品牌实施方案（2023—2025年）》，持续支持脱贫地区打造农产品区域公用品牌。根据各地需求，重点支持贵州省剑河县和台江县、湖北省咸丰县和来凤县、湖南省龙山县和永顺县、甘肃省天水市麦积区和舟曲县、新疆维吾尔自治区阿克苏市和尼勒克县、西藏自治区当雄县和朗县、广西壮族自治区三江侗族自治县、陕西省柞水县、四川省雷波县、重庆市巫溪县、内蒙古兴安盟扎赉特旗、云南省元阳县、宁夏回族自治区海原县、青海省泽库县14个省份的20个县（市、区），聚焦主导产业支持开展区域品牌整体规划、产品认证、营销宣传、产销对接、人才培训、品牌保护等活动。省级层面积极落实农业农村部文件精神，将农业品牌建设与脱贫地区乡村振兴工作紧密结合。河北、湖南、贵州、安徽、海南等地分别制定支持脱贫地区打造区域公用品牌实施方案，聚焦脱贫地区主导产业构建农业品牌建设支持政策体系。河北实施脱贫地区农业品牌发展"三大行动"，即农业品牌设计创新和专业策划行动、农业品牌宣传推广行动和农业品牌营销渠道拓展行动，支持脱贫地区加快构建"突出特色鲜明，进行集约打造，紧抓高端带动，促进集群发展"的品牌建设新格局。湖南对脱贫地区主导产业区域公用品牌开展的宣传推介、人才培育、产销对接等给予资金及政策支持。贵州发布《贵州农业品牌（农产品区域公用品牌）目录》，优先收录国家乡村振兴重点帮扶县36个农产品区域公用品牌，支持特色产品入驻脱贫地区农副产品网络销售"832平台"，加大脱贫地区农业品牌公益宣传，支持脱贫地区品牌参与中国农民丰收节、中国国际农产品交易会、中国国际茶业博览会、农产品产销对接等展销活动。安徽推动建设扶贫产业园、消费帮扶企业馆，开展政策奖补等工作，支持脱贫地区重点打造10个具有一定知名度和影响力的区域公用品牌，带动培育15个具有市场竞争力的企业品牌和80个特色优质农产品品牌，推动建设一批质量水平高、供给能力强的农产品原料基地品牌。海南多举措加强五指山、临高、琼中、白沙、保亭等5个原国定贫困市县的品牌强农工作，已聚焦脱贫地区主导产业培育出"五指山红茶""保亭红毛丹""琼中绿橙"等10个市县级优质农产品区域公用品牌。

（二）聚焦营销关键环节提升品牌打造效果

各地紧紧围绕农业品牌定位、品牌策划、文化赋能、品牌传播以及渠道拓展等农业品牌营销关键环节，支持引导品牌主体洞察市场需求锁定目标群体，借助政府部门支持发展单品类区域品牌契机，深度挖掘各地传统文化底蕴，依托多元媒体展开全方位、立体化传播，持续提升农业品牌市场触达能力，显著提升品牌打造效率，不断增强品牌影响力。

1.顺应消费升级潮流明确品牌定位。各地引导品牌主体积极洞察消费升级趋势，剖析新阶段消费需求特点，结合自身优势明确品牌定位。河南以绿色化、优质化、特色化、品牌化为方向，精心梳理省级知名农业品牌，构建并持续打造"农产品区域公用品牌+农业企业品牌+农产品品牌"矩阵，将品牌定位从"国人粮仓"向"国人厨房""世人餐桌"转变。安徽瞄准农产品消费市场安全、高端、个性化需求，加强品牌农产品始自田间地头的监测和监管，以安全、绿色、优质为关键特征塑造品牌形象，立足长江三角洲地区，面向国内大中城市，推动组建绿色食品产业服务联盟、长三角绿色农产品生产加工供应联盟、长三角绿色农产品服务中心等平台，推动更多资本、项目、技术向农业品牌集聚。广东增城荔枝精准定位高端市场，通过严格把控种植标准，实施强有力的品牌营销以及打造高端视觉设计，全方位塑造增城高端荔枝品牌，2023年举办增城荔枝高端果礼新品发布会，精心打造"荔枝+"组合产品，成功带动"荔枝+旅游""荔枝+美食"等组合消费，有力促进产业融合发展。

2.聚焦区域大单品制定品牌规划。各地聚焦区域优势主导产业，制定单品类区域品牌发展规划，对品牌形象、展示应用、渠道创新等进行系统性设计，通过价值重塑、链条整合和生态优化驱动传统农业产业向现代化、市场化、品牌化跃升。吉林组织编制"吉林大米""吉林玉米""吉林杂粮杂豆""长白山人参""吉林长白山黑木耳""吉林梅花鹿"等省级大单品区域公用品牌发展战略规划，以及"松原小米""扶余四粒红花生""白城绿豆""白城燕麦""公主岭玉米""抚松人参""汪清黑木耳"等近20个市、县级单品区域公用品牌建设规划，为品牌宣传推介、形象展示、产销对接等提供政策指引。河北聚焦辣椒、马铃薯等优势产业编制《鸡泽辣椒区域公用品牌发展战略规划》《张北马铃薯产业高质量发展实施方案》等，聚焦"品质化、标准化、集群化"发展路径，通过构建"种质资源保护—标准化种植—精深加工—品牌营销"全产业链体系，推动农业产业三产融合升级。贵州聚焦猕猴桃优势产业，制定《修文猕猴桃品牌价值提升方案》，通过举办猕猴桃产业发展大会、目标城市专场推介会，参与中国国际农产品交易会等重要展会，拍摄主题电影，开发动漫、数字藏品等多元文创产品，全方位推动猕猴桃品牌建设。

3.文化赋能提升品牌差异化水平。各地深入挖掘稻作文化、农耕文化、饮食文化、节庆文化等优势要素资源，将文化元素深度融入农业品牌建设，丰富消费者对品牌的差异化认知体验。江苏开展"苏韵乡情"乡村休闲旅游推介活动13场，拍摄短视频90余条，评选江苏省百道乡土地标菜、江苏省乡土地标面食小吃等，打造乡土美食地标品牌，传承和弘扬乡村美食文化，激发休闲旅游农业消费潜能。黑龙江抓住旅游业、餐饮业火爆出圈带动农产品需求逐步向好的市场形势，印发2024年品牌农业工作要点和相关政策文件，指导北大荒农垦集团、省农业投资集团、省供销合作社联合出台一系列子方案，健全农业品牌市场营销体系。浙江立足自身资源禀赋和文化底蕴，构建"鱼庄研学、古村游学、桑基鱼塘体验"三位一体模式，探索出一条"生态为基、文化赋能、产业联动"的品牌融合发展路径，成为全国农业品牌升级与乡村振兴的典型样本。

4. 利用多元媒体提高品牌触达能力。各地充分发掘互联网新技术新思维探索打造多元化社交媒体矩阵，通过差异化运营实现全渠道覆盖，扩大品牌推广能力，提升用户黏性和品牌影响力。天津创新运营农业品牌展示中心，持续发布公众号文章和品牌视频，塑造常态化农业品牌展示平台，其发起的两届"人保杯"农业品牌直播联赛，累计阅读观看量超5 000万人次。宁夏打造"乡味宁夏"新媒体矩阵，加大在快手、抖音、小红书、视频号、腾讯等全平台网络宣传，制作农产品品牌宣传片、快板书、特色美味宴客菜品及专题片等200多部，累计发布文章1 800多篇、短视频800多部，传播量1.37亿人次。广西组建"桂字号"新媒体矩阵，制作广西沃柑、荔枝、芒果等28个农业品牌宣传片，充分展示农业品牌。山西与大型电商平台联合，线上举办品牌农产品金秋消费季，汇聚山西各地官方特产馆和1 000家山西农业品牌旗舰店，在"双十一""双十二"等时间节点持续举办促销活动，带动实现线上销售额近亿元。新疆以目录品牌为基础开发品牌农产品销售App和小程序，引导超100家新疆特色农业好产品商家入驻，借助平台促进品牌产品销售。

5. 瞄准销区市场增强品牌影响力。各地积极通过在主销区增设营销中心、品牌直营店、品牌体验专柜，广泛组织品牌主体参与特色节庆和展会活动等，瞄准销地市场，拓宽品牌销售渠道，增强品牌影响力竞争力。内蒙古在北京、上海、广州等重要城市布局内蒙古优质农畜产品营销中心，借助京蒙帮扶平台，畅通内蒙古优质绿色农畜产品进京渠道，推进消费帮扶专柜、专馆、专区建设，采取"基地+农牧户+合作社+企业"等模式促进农畜产品产销对接。吉林持续开展主销区营销渠道建设奖补工作，对北京、上海、浙江、福建等主销区符合粮食品牌渠道建设标准的26个直营店、商超专区进行奖补，助力企业开拓省外销售渠道，提升品牌形象和市场占有率。江西已建成并运营北京、广州、南昌、上海四大江西优质农产品品牌运营中心，其中，北京、广州、南昌三大运营中心已陆续入驻千余种江西特色农产品，年度销售额均突破千万元。河北组织生产经营主体开展河北净菜进京"六进"（进市场、进食堂、进超市、进饭店、进社区、进餐桌）活动、第七届京津冀品牌农产品产销对接活动、第六届京津冀蔬菜产业发展大会暨招商对接活动、"玉田供京蔬菜"产销对接暨京津冀农产品可持续发展大会等系列活动，拓宽产品销售渠道。甘肃连续五年举办目录品牌特色农产品贸易洽谈会、连续三年举办目录品牌高质量发展论坛等，提升品牌市场竞争力。青海积极组织农牧企业和合作社参加中国·青海绿色发展投资贸易洽谈会、中国国际农产品交易会、中国绿色食品博览会、中国农民丰收节和各类产销对接活动，邀请市（州）长、县（市）长、省人大代表、东方甄选等推介省内特色优质农畜产品。

（三）加强数字技术应用提升品牌数智化水平

各地顺应数字化、网络化、智能化潮流，深度挖掘数字技术潜力，全面赋能农业品牌，在农业生产端，运用区块链技术建立农产品质量溯源体系，以数字化信任机制强化品牌公信力。在流通环节，通过AI算法分析消费大数据，动态优化品牌定位与营销策略，构建数据驱动的品牌价值提升模型。同时，积极探索建立品牌舆情监测和评价制度，通过实时跟踪监测品牌建设效果，为品牌管理提供科学依据，不断优化品牌建设管理能力，最终形成"数字赋能生产—智能优化运营—

网络拓展市场—数据反哺创新"闭环,为农业品牌全链条升级提供支撑。

1.运用区块链等数字技术提升品牌资产价值。 各地聚焦主导产业,利用数字技术提升品牌资产和数据资产价值。山东聚焦蔬菜产业建立"生产加工+流通追溯+政府监管"一体化平台,在蔬菜主产区构建覆盖生产环境、加工流通等全环节数据资源体系,利用区块链不可篡改特性搭建溯源管理平台,实现主要蔬菜品种全流程可信追溯,亩均增收9%~30%,并推广至四川、河南等地。2023年第五届中国国际茶叶博览会上,"浙江茶产业大脑"正式上线,作为从"茶园到茶杯"全链条管理服务的数字化应用,探索"产业大脑+未来茶场"发展模式,打通种植、加工、流通、品牌、文化、服务等全环节的业务流和数据流,实现主体全上线、地图全覆盖、业务全闭环、服务全集成、一码全贯通。2024年,上海发布"马陆葡萄"农业品牌RWA项目,首期完成1 000万元股权融资,利用区块链技术实现数据上链、收益上链和资产上链,即通过马陆葡萄生产经营数据的打包与整合以及数据资产合规性的认定、估值、披露、交易、处置,将数据转为可交易、有价值的资产,实现马陆葡萄品牌资产和相应数据资产的代币化,为马陆葡萄品牌带来额外的收入增长。

2.创新数字营销模式提升品牌推广效率。 各地借助AI等数字技术创新营销模式,品牌推广效率大幅提升。2023年上海信息消费节期间,"崇明Me道"参与"数字人直播大BATTLE"活动,凭借独特产品和创新直播形式,传播崇明特色产品及传统文化,荣获"旅人最爱奖",显著提升了崇明农产品区域公用品牌的知名度。安徽大力推进"互联网+"农产品出村进城工程,积极发展农产品电商,打造农产品网销品牌,充分运用5G、VR、短视频、直播、大数据等现代信息技术手段,宣传推介各类名优农产品,已认定农产品年网销额超千万元企业100余家,组织开展产销对接会、直播促销等活动500多场。2024年9月,山东青岛特色农品数字人直播间"青小丰"正式开启,探索开展AI数字人7×24小时不间断直播带货,首批14家企业22个农产品品牌借助AI数字人直播带货,在抖音、快手、微信视频号等平台，构建起"数字人直播及短视频推广矩阵"。广东持续开展"十万电商卖广东农产品"，创新云直播、云发布、云签约、云采购、云消费、云拍卖等数字营销模式，助力品牌打造、产品销售；"云上花市"活动持续引导花农、花企"上云"，2022年全省云上花市销售额近2.95亿元，同比增长约64%，促进花农增收致富、花企效益提升。

3.建立舆情监测体系增强品牌管理能力。多地建立农业品牌舆情监测体系，强化品牌监督管理。北京对纳入品牌目录管理的品牌主体启动舆情监测行动，采集品牌相关产品、销地、用户、价格、销量等数据，同时从新浪、百度、抖音、快手等渠道采集公开的品牌评价、声誉、舆情等相关数据，从行为事件分析、点击分析、路径分析、用户属性、用户分群等方面，对各个环节和要素进行科学分析，帮助主管部门和企业实现多维交叉分析，建立快速响应、动态适应的智能决策体系。江苏省农业信息中心在舆情监测、舆情应对以及舆论引导方面总结经验，通过省涉农舆情监测平台加人工的方式，对各类网站、微信、微博、短视频等网络媒体平台进行动态监测，发生农业品牌重大舆情时，根据舆情走势、性质特点、影响程度等提出应对处置方案。福建蒲城为促进"蒲城大米"等品牌健康发展，印发《品牌危机应急处理预案》，按照品牌危机性质、严重程度、可控性和影响范围等因素，将品牌危机分为三级：Ⅲ级（一般）、Ⅱ级（较大）和Ⅰ级（重大），同时建立农业品牌危机和应急处理机制，明确应急小组的工作职责和突发性品牌危机事件的处置工作制度、流程、应急措施等，提升突发性品牌危机事件处理能力。

（四）强化公共服务保障农业品牌稳步发展

强化公共服务是保障农业品牌稳步发展的核心支撑。各级农业农村部门通过构建多层次、一体化的农业社会化服务平台，整合政策、技术、市场等资源，为品牌建设提供全链条保障。

1.搭建公共服务平台夯实品牌发展基础。各地积极建设农业品牌公共服务平台，尝试形成政策扶持、技术赋能、市场驱动的协同机制，以系统性解决农业品牌发展中资源分散、产销脱节、推广乏力等现实问题。海南以"海南农业品牌网"为载体搭建省域农业品牌公共服务平台，为经营主体和消费者提供品牌咨询，为纳入省农业品牌目录的农业品牌开展长期推介，面向广大消费者介绍海南特色热带水果、蔬菜水产和休闲花卉，面向经营主体提供特色种养成效方法，并利用社交媒体账号为品牌农产品提供创意宣传，为品牌农产品吸引了大批"00后""10后"粉丝，品牌推广取得显著成效。2023年8月，山东省农业农村厅指导上线"齐鲁农超"山东农副产品展示交易平台，精选山东精品农产品品牌，聚合山东各类农产品加工企业，上联市场，下联用户，实现乡村振兴成果展示、宣传推广、产销对接、产品交易、质量管控、在线服务等六大功能的模块化运作。目前，该平台已建有16个市品牌馆，超1 000个农产品品牌、近3 000家商户进驻。

2.提供配套服务助力农业品牌快速成长。农业农村部以"农业品牌精品培育计划"和"支持脱贫地区打造区域公用品牌行动"为抓手，支持精品品牌主体参加国内外知名展会，组织开展线上线下品牌展示推介活动；依托中国农民丰收节、中国国际农产品交易会组织精品品牌发布和推广活动；鼓励依托采摘节、文化节等农业节庆活动推介农业品牌。各地以品牌服务平台、品牌运营中心、品牌交易平台等为载体，积极为品牌主体提供品牌推广、产销对接、品牌培训等配套服务，促进农业品牌快速发展。陕西在"十四五"以来实施农业品牌高质量发展提升行动，根据县域首位产业发展特点，大力开展品牌孵化、提升与整合，培育壮大陕西农业品牌集群；孵化品牌做大增量，引导支持农民合作社、家庭农场等农业品牌创建主体，开展商标注册和质量认证，支持企业统一质量标准，统一品牌形象，统一产品包装；整合品牌做靓名品，鼓励引导行业协会、商会等社会组织统筹做好优质特色农产品生产、加工、仓储、认证等流程化服务，建立健全陕西农业品牌数据库，探索建立产品质量、品牌信誉失信联合惩戒机制，不断推进农业品牌的健康发展。广东组织优质供应商进销区推介，开展"南品北上 北品南下"等省际农业交流合作活动，2023年广东先后在北京、河北、上海、浙江、陕西、重庆、四川、山西、黑龙江、西藏、新疆等地举办系列农产品营销推介活动，广东菠萝、荔枝、金鲳鱼、茶叶等名特优新农产品打通了京津冀、长三角、西北、西南的市场通道。海南着力培育一批"海南农业品牌管理人员"，"十四五"期间以培养一批具有国际视野和品牌管理专业素质的品牌管理人才为目标，面向全省挖掘一批优秀农业品牌管理人员，联合高等院校持续开设品牌理论和应用培训活动。

3.加强知识产权保护护航品牌可持续发展。各地积极通过地方立法、行政执法、司法诉讼、行业管理等方式开展农业品牌知识产权管理保护工作，为农业品牌健康可持续发展保驾护航。根据国家知识产权局统计数据，2024年第一季度我国农产品商标注册量201 991件，较2023年同期上升36%；农产品商标注册总量已经达到635万余件，较2013年翻了两番，占注册商标总数的14%。目前，以《中华人民共和国商标法》为核心，与《中华人民共和国农业法》《中华人民共和国反不正当竞争法》《中华人民共和国农产品质量安全法》等法律共同构成了农业品牌保护的法律屏障。各地积极制定特色产业和品牌保护地方性法规，陆续出台《杭州西湖龙井茶保护管理条例》《南宁横州市茉莉花保护发展条例》等30多部地方性法规陆续出台，普遍明确了保护机制、部门职责、品牌使用、品牌管理、维权执法等内容，为特色产业和品牌发展提供了有力保障。宁夏制定发布《宁夏回族自治区枸杞产业促进条例》，对宁夏枸杞质量监管和品牌保护提出明确要求，定期开展枸杞市场专项治理，规范枸杞销售企业对"宁夏枸杞"地理标志的使用，建立可溯源可核查的使用台账，为宁夏枸杞品牌持续发展提供有力支撑。2024年1月，《苏州洞庭山碧螺春茶保护条例》正式出台，明确建立茶园保护制度、完善品牌保护机制、加大茶产业扶持力度、促进茶文化传承等内容。上海积极探索"上图上网入库"试点工作，尝试应用"神农口袋"数字化管理平台，要求区域公用品牌使用单位将农产品生产面积、生产品种、生产过程（特别是农药、肥料等投入品使用）、销售渠道、产品抽检、日常监管等项目全部纳入系统进行数字化监管。

（五）瞄准海外市场培育品牌国际竞争力

农业品牌建设是提升农产品国际竞争力的重要路径。"十四五"以来，各地、各级农业农村部门支持鼓励农产品出口企业参加国内外精品展会，广泛开展农产品国际贸易对接、品牌推介、信息交流等活动，提升品牌国际知名度美誉度。

1.踊跃参展扩大品牌国际市场接触范围。农业农村部支持纳入精品培育计划的品牌主体参加国内外知名展会，组织开展线上线下品牌展示推介活动。加大品牌海外推广，在重要节点国家和地区开展巡展推介。各地积极组织企业参加国际性展会，深度挖掘国际市场潜力。河北组织涉农企业参加国内各类国际展会，对接来自德国、丹麦、日本、中东欧等20个国家和地区的企业；2023年举办"中国河北特色优势农产品全球分享活动"，宣传范围覆盖西亚北非22个阿拉伯国家和地区近5亿人口，为期约1个月的宣传活动极大地提升了河北农产品的国际知名度。安徽借助《区域全面经济伙伴关系协定》（RCEP）东风，利用境外展会平台进行品牌推介，组织优质农业外贸企业和品牌参加中国-东盟农业国际合作展、SIAL国际食品展、中国国际食品配料博览会等国际性展会，积极组织省内优质农产品经营主体赴日本、泰国和阿拉伯联合酋长国等国家洽谈贸易合作，不断拓展安徽品牌农产品国际市场份额。福建组织企业参加新加坡食品及酒店用品展、亚洲世界食品博览会、俄罗斯国际茶展和马来西亚国际食品展等国际展会，有效助力福建农产品在国际市场上崭露头角。四川开展目录品牌农产品"一带一路"行系列活动，已完成意大利、英国、韩国等9个站点，举办专场推介会5场，现场实现销售收入200万元，达成协议及意向协议金额超3亿元，为品牌农产品走向国际市场奠定了坚实基础。

2.携手知名媒体强化品牌国际传播。各地积极联合境内外知名媒体开展品牌宣传工作，不断提升农业品牌国际知名度。湖北与新华通讯社联手开展湖北农产品品牌海外推广，邀请国际网络名人推介潜江龙虾、湖北茗茶、秭归脐橙等优质农产品，借助国际知名人士的影响力，成功吸引了国际市场的关注。贵州联合《中国国家地理》杂志"地道风物"公众号出品"贵州绿茶"品牌英文版宣传片，积极协调省委宣传部，在国内官方媒体和脸书、推特、油管等海外平台发布，并在沙特阿拉伯《阿拉伯新闻报》整版向海外观众讲述"都匀毛尖""湄潭翠芽""遵义红"等贵州茶品牌历史、文化及产品特色，通过多渠道、多形式的品牌宣传，有效提升了贵州茶品牌的国际影响力。天津在"巴基斯坦鲁班工坊"网站发布小站稻、沙窝萝卜等品牌信息，成功培育认定和平挂面、利民调料等5个"国际有名"农业品牌，并助力销售到日本、新加坡等国家和地区。

3.提供便利促进品牌国际贸易合作。各地积极为农业品牌对外贸易提供便利条件，推动农业品牌国际化进程。青海成立中国·青海农业交流与合作巴基斯坦办事处，开启青海特色农畜产品对外宣传推介的新模式，为青海农产品顺利进入国际市场搭建重要平台。新疆生产建设兵团大力支持龙头企业打造专业外贸团队，按照欧洲、非洲、中东、俄罗斯、日本和韩国、东南亚等主流市场进行布局、销售和产品推广，并在5万吨级以上的销区市场设立海外仓或办事处，为产品交付和付款提供便利条件，有效提升龙头企业及品牌农产品在国际市场上的竞争力和市场占有率。山东实施"好品山东　鲁贸全球"国际市场开拓行动，积极推进市场采购贸易预包装食品出口试点，助力特色农产品通过市场采购贸易方式出口；同时，支持农产品出口企业（产品）申请国际标准和认证，提升企业和产品国际竞争力。

02 二、农业品牌建设成效

（一）省级农业品牌目录建设成效

2018年，农业农村部印发《关于加快推进品牌强农的意见》，部署建立农业品牌目录体系，组织开展品牌目录标准制定、品牌征集、审核推荐、评价认定和培育保护等活动。随后各省份农业农村部门纷纷制定农业品牌目录，引领地区农业品牌协同发展。2024年，中国农产品市场协会动态调整发布《中国农业品牌目录2024农产品区域公用品牌名单》，共遴选出539个品牌，范围涵盖粮油、畜禽、水产、果蔬、中药材、食用菌、茶叶、林特和其他类别。截至2024年12月，纳入省级农业品牌目录重点培育的区域公用品牌1 100余个、企业品牌2 000余个、产品品牌2 200余个，初步形成了上下联动、梯次培育的农业品牌目录体系。

1.从品牌结构来看，各地区农业品牌品类和地域覆盖率逐渐提高，集聚效应更为明显。综合来看，各地基于自身自然资源和气候禀赋优势，结合地方特色产业大力发展农业品牌。华东地区[①]跨越渤海、黄海、东海、南海四个海域，水产资源丰富，根据省级农业品牌目录数据，近年来重点建设约40个水产品区域公用品牌，占纳入省级农业品牌目录水产品牌的一半左右。西南地区[②]以盆地、丘陵为主，属于亚热带季风气候，土壤相对较干旱，适合种植耐寒耐旱的果树品种，并由此形成规模种植的有柑橘、葡萄、石榴、柚子、枇杷、香蕉、龙眼、芒果、菠萝、西瓜、苹果等水果，重点培育果品类区域公用品牌约60个，占省级农业品牌目录果品品牌近三成。华北地区[③]有内蒙古大草原，畜牧业发达，又有华北平原，耕作历史悠久，自然资源丰富，农业品牌以果品、粮食和畜禽类为主，合计占华北地区农业品牌比例超60%。华中地区[④]以平原、丘陵和盆地为主，蔬菜、粮食和果品类品牌较多，合计占华中地区农业品牌比例超50%。西北地区[⑤]昼夜温差较大，适合水果生长，农业品牌以果品为

---

① 华东地区包括：上海、江苏、浙江、安徽、福建、江西、山东。
② 西南地区包括：重庆、四川、贵州、云南、西藏。
③ 华北地区包括：北京、天津、河北、山西、内蒙古。
④ 华中地区包括：河南、湖北、湖南。
⑤ 西北地区包括：陕西、甘肃、青海、宁夏、新疆。

主，约占西北地区农业品牌的40%。东北地区①拥有肥沃的黑土地，是我国主要的粮食产区，粮食类品牌占比约三成。华南地区②地处热带-亚热带，盛产芒果、菠萝等热带和亚热带水果，热带果品类品牌数量较多（图1-1）。

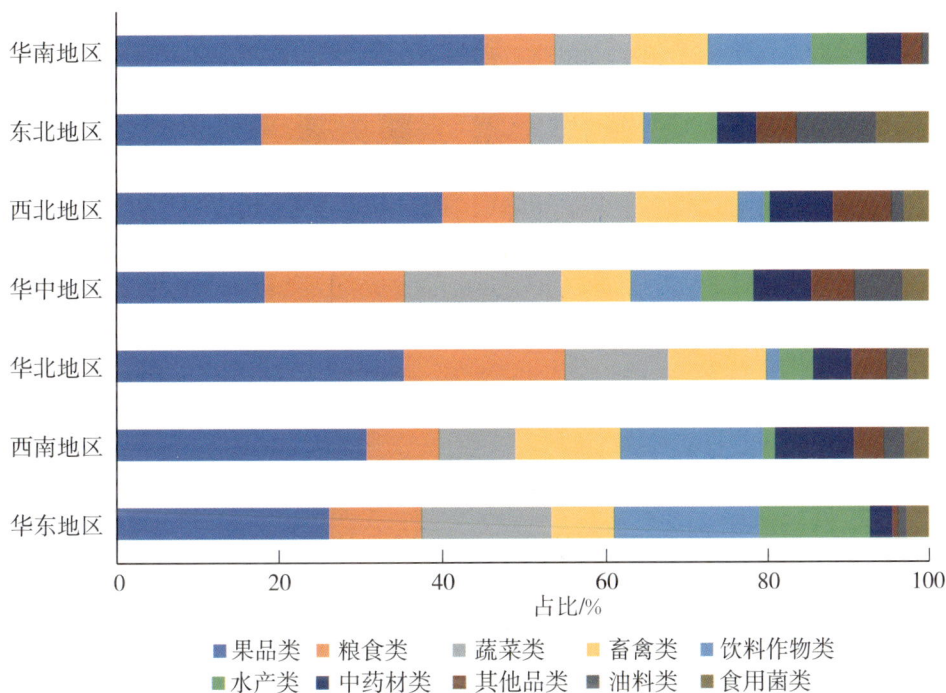

图1-1 分地区区域品牌品类占比

分品类来看，全国纳入省级农业品牌目录的1 100余个区域公用品牌中，种植业品牌数量占比超80%，畜牧业占比超10%，其余为渔业品牌。具体来看，果品类品牌数量占比约30%；粮食类、蔬菜类品牌数量占比均超过10%（图1-2）。分地区来看，在各省目录品牌中，华东地区品牌数量最多，占比超20%；西南地区和华北地区品牌数量相近，合计占比超30%；华中地区、西北地区、东北地区和华南地区品牌数量占比均在10%以上（图1-3）。

---

① 东北地区包括：辽宁、吉林、黑龙江。
② 华南地区包括：广东、广西、海南。

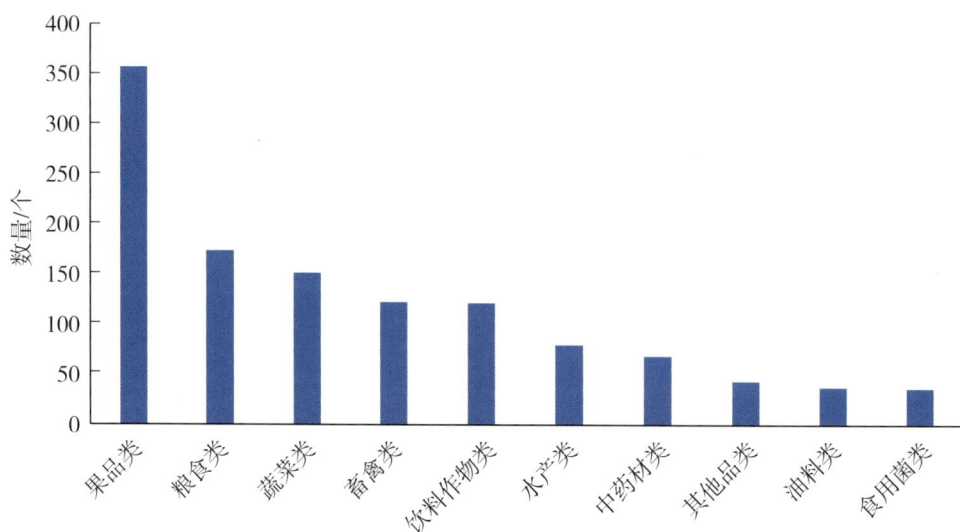

图1-2　省级农业品牌目录品类结构

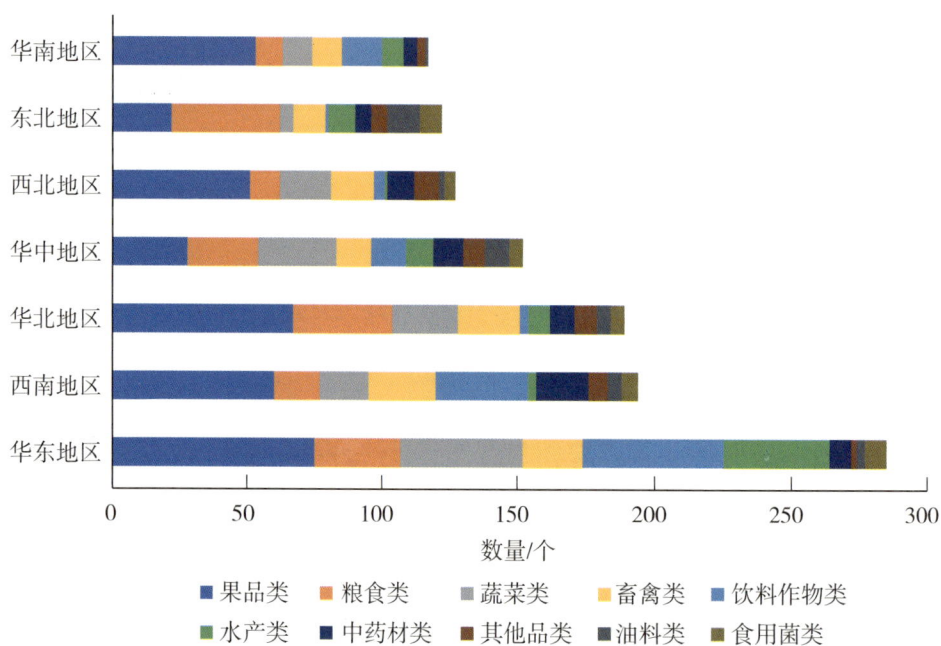

图1-3　省级农业品牌目录地区结构

2.从品牌发展基础来看，各地政府部门纷纷出台农业品牌相关扶持政策，设立品牌专项资金，完善品牌保护制度，加强品牌人才培养，强化技术服务支撑，不断夯实农业品牌发展基础。截至2024年底，大部分省（自治区、直辖市）已出台农业品牌相关扶持政策，发布区域或企业品牌目录，安排品牌专项资金扶持品牌发展，部分省（自治区、直辖市）按照农产品区域公用品牌、企业品牌和产品品牌开展分类品牌建设。

在品牌顶层设计、运营管理和品牌保护方面，各地制定品牌发展规划，建立品牌运营机构，常规性开展品牌运营、管理和保护等工作。一是品牌顶层设计方面，部分省份聚焦重点培育的农业品牌制定品牌发展规划，对品牌定位、产品设计、营销推广、产销对接、品牌保护等相关内容进行整体谋划。二是品牌运营管理方面，一些地区设立区域品牌管理运营机构，独立开展农产品区域公用品牌营销和推广活动；部分品牌主体能定期开展顾客满意度调查并建立售后服务管理制度，对消费者评价建立反馈机制，为提升品牌产品质量提供可靠依据。三是品牌保护方面，多数品牌主体能综合利用商标注册、专利布局、法律维权及舆情监控等多种手段，防范商标抢注、假冒伪劣产品流通等侵权行为，维护品牌声誉与消费者信任。分品类来看，饮料作物类、水产类和食用菌类品牌管理措施相对完善（图1-4）。

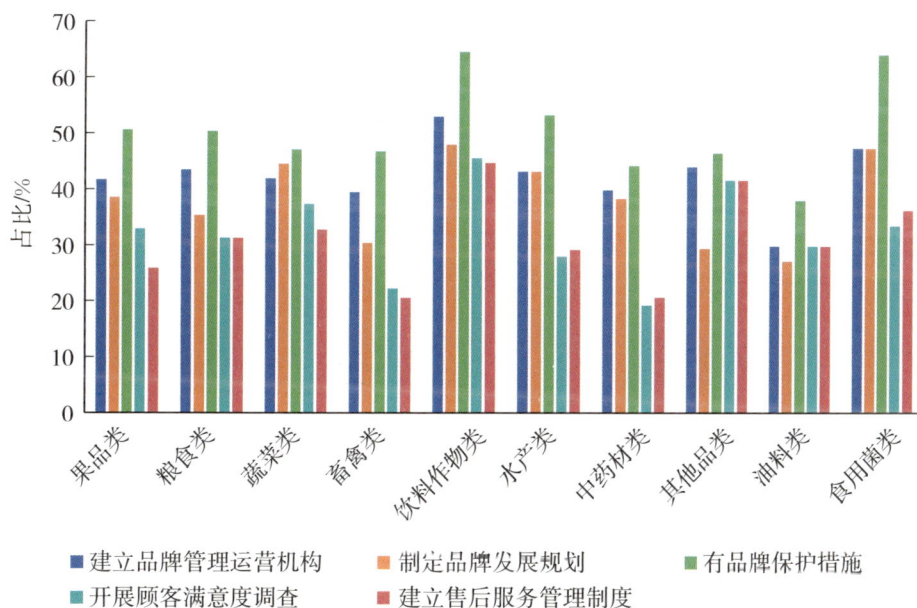

图1-4　分品类区域公用品牌管理措施覆盖情况

在产业基础方面，各地依托各级现代农业产业园区、优势特色产业集群、农业产业强镇等载体，发挥地方特色资源禀赋优势，助力品牌集群快速发展。分品类来看，果品类产品种类丰富，地域差异明显，较容易发挥地方特色产业集群优势，赋能品牌高质量发展。粮食类产品种植历史悠久，政策支持力度较大，各地积极发挥政策引领资源要素集聚优势，夯实品牌发展基础。分地区来看，华东地区在设施农业、集约化生产、供应链整合等方面具备优势，近年来通过农产品生产—加工—冷链—电商全链条协同助力品牌快速发展。华北地区、华中地区、东北地区、西南地区在自然资源禀赋、政策驱动等方面具备优势，通过规模化种养、标准化提升、特色价值挖掘等推动农业品牌化进程。

在主体培育方面，各地以品牌为纽带，充分发挥大中型农业企业带动作用，综合利用品牌培训、技术服务、市场推广、金融支持等政策措施培育壮大农业品牌主体，为品牌发展奠定坚实基础。现阶段，全国纳入省级农业品牌目录的 1 100 余个区域公用品牌共授权 3 万余个使用主体，平均单个品牌授权使用主体近 30 个。授权使用主体中，有近万家市级以上龙头企业，在政府部门、行业协会等品牌持有主体引领下带动中小型农业经营主体培优使用新品种、贯彻使用新标准、积极开拓品牌渠道，共同推动农业品牌快速发展（图1-5）。

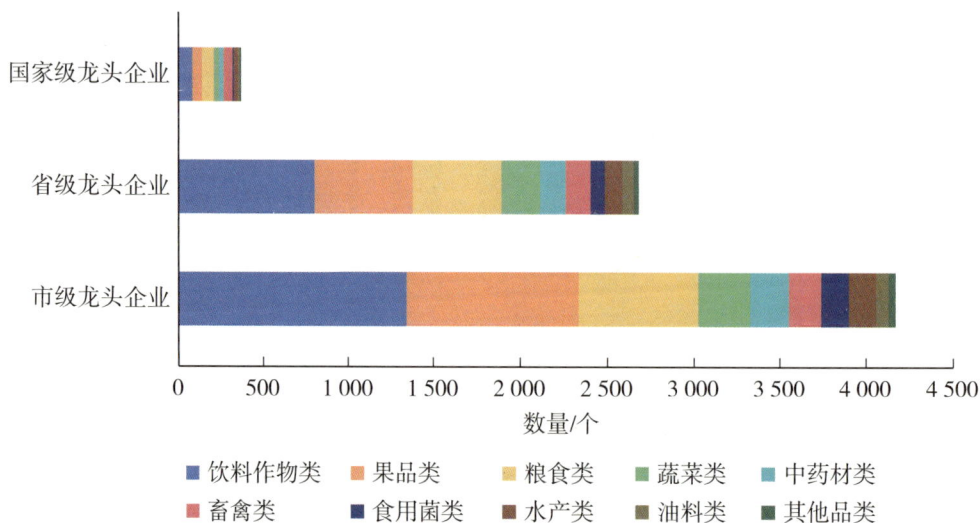

图 1-5　分品类区域公用品牌主体情况

3.从品牌影响力来看，各地广泛利用标识标语、影视作品、博物馆体验馆、视频书籍等多种要素开展品牌推广活动，品牌认知度美誉度大幅提升，品牌影响力显著提高。品牌设计方面，各地积极利用品牌元素展示品牌差异化产品特性，通过系统化视觉识别体系等强化品牌认知，凸显品牌形象。全国纳入省级农业品牌目录的 1 100 余个区域公用品牌中，大部分品牌主体能综合利用品牌标识、标语以及包装和文创产品等多元载体传递品牌价值，巩固品牌差异化竞争优势。分品类来看，水产类品牌普遍注重"防伪标识+高端包装"设计，更好应对仿冒问题；饮料作物类（主要为茶叶）品牌更注重文化赋能，倾向于结合非遗技艺等设计包装，文创产品拥有率最高；果蔬类品牌更侧重视觉符号统一化，以色彩鲜明的品牌主视觉提升消费终端辨识度（图1-6）。

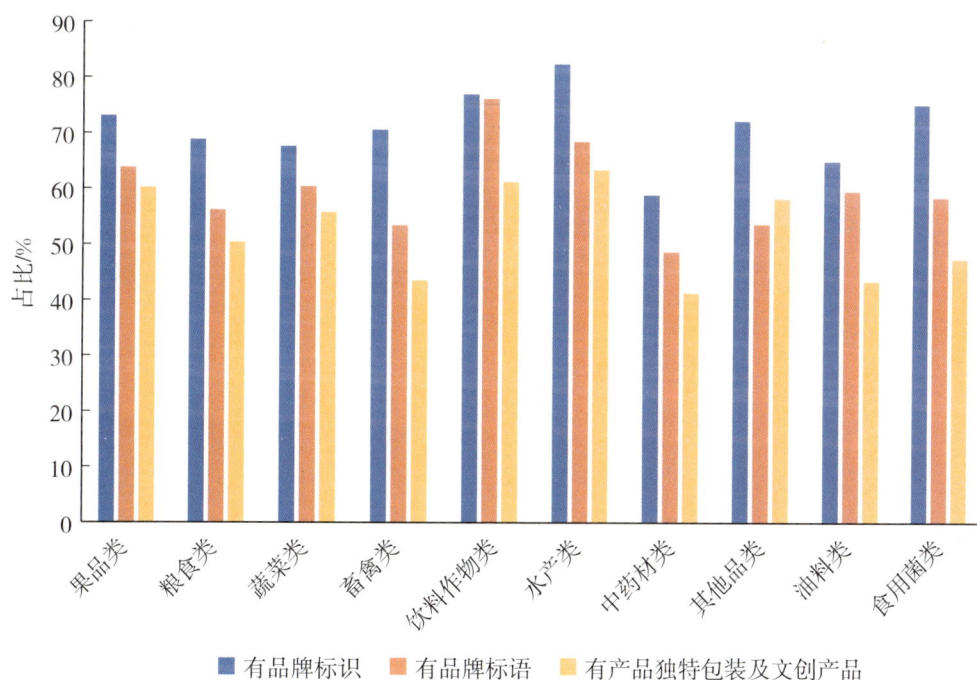

图1-6　分品类区域公用品牌认知情况

品牌营销推广方面，各地通过制作农业品牌视频、文化书籍，建造品牌博物馆等方式广泛宣传，为品牌影响力竞争力提升奠定基础。全国纳入省级农业品牌目录的 1 100 余个区域公用品牌中，多数品牌能依据消费者信息获取习惯和路径转变特点，建立常态化视频宣传机制，通过短视频平台进行日常品牌传播；部分品牌通过建立品牌博物馆、制作品牌相关书籍、影视文化产品等方式赋能品牌传播。分品类来看，饮料作物类品牌文化营销开展最为广泛，通过文化赋能提升品牌价值；分地区看，华东地区品牌推广力度最大，通过展会节庆活动、打造品牌博物馆以及借力国际峰会等方式广泛开展品牌国内外推广（图1-7）。

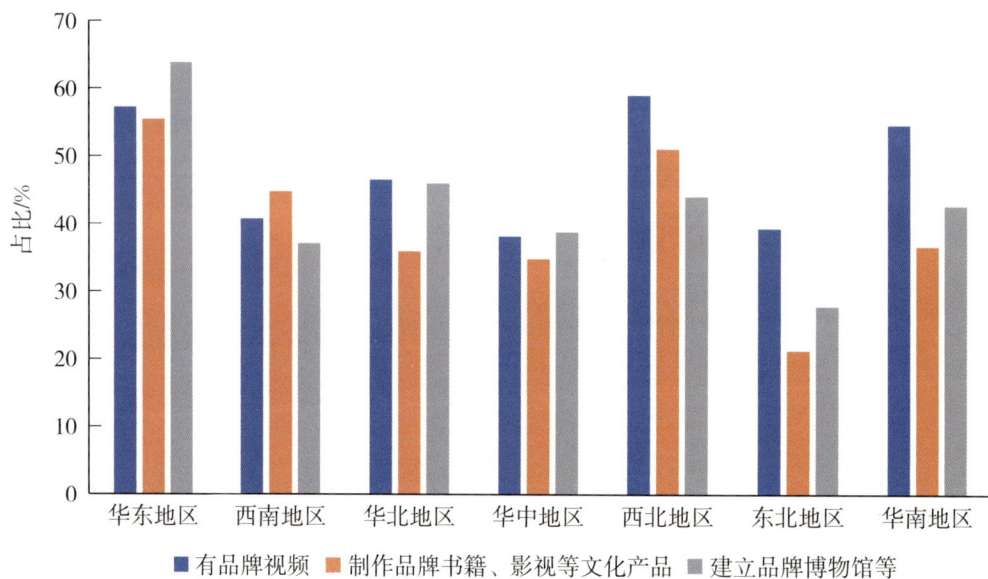

图1-7 分地区区域公用品牌营销情况

品牌荣誉方面，各地多措并举争取奖项荣誉，提升品牌美誉度。全国纳入省级农业品牌目录的1 100余个区域公用品牌中，大多数品牌获得省部级以上政府部门颁发的荣誉或称号；一些品牌获得国际权威机构颁发的荣誉或称号，提升品牌国际影响力（图1-8）。分品类来看，饮料作物类品牌获得省部级以上荣誉和国际认证数量较多，与我国茶文化国际传播优势密切相关。果品类中，热带水果类品牌国际认证率相对较高。畜禽类品牌主要受到检疫壁垒等因素影响，国际认证率有较大提升空间。分地区来看，华东地区品牌获得省部级荣誉和国际认证数量较多，与其外向型经济发展特点相符合。

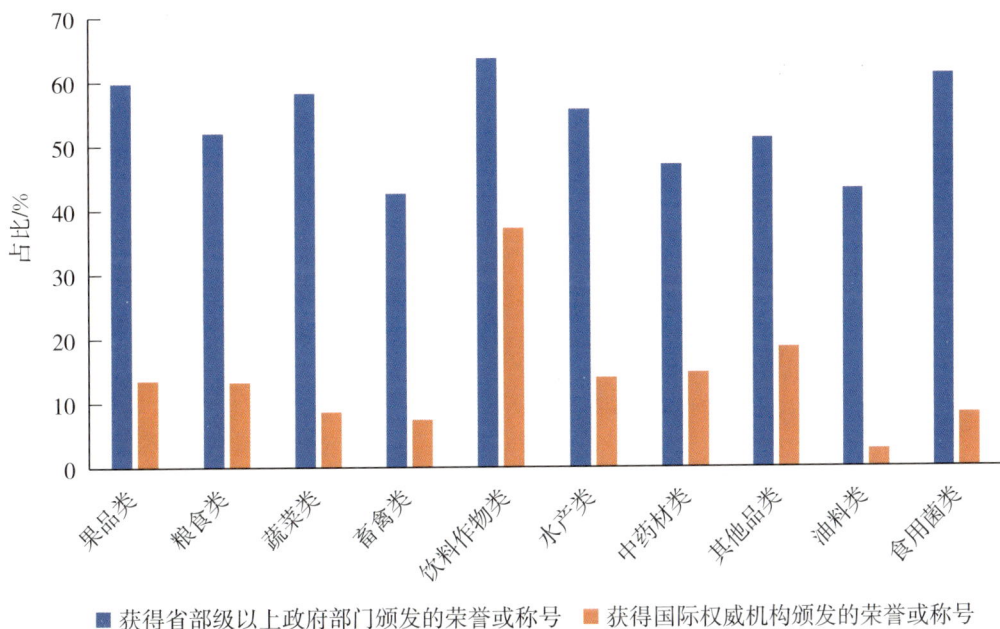

图 1-8 分品类区域公用品牌美誉度情况

4.从品牌竞争力来看，各地强化科技要素支撑，引入新品种新技术，通过标准化生产、绿色化种植和严格质量检测等手段提高产品品种品质和品牌竞争力。品种是品牌差异化竞争的核心要素，在农业品牌建设过程中，各地紧跟市场需求，积极加强优质种质资源保护利用，大力推进种业创新攻关，同时扶持优势种业企业发展，提升种业基地建设水平，为品牌产品差异化竞争奠定坚实基础。分品类来看，饮料作物类品牌在品种竞争力方面表现突出，多个品牌通过优质品种选育捍卫品牌"护城河"，支持品牌产品获得合理溢价；粮食类品牌受益于粮食安全战略、种业振兴行动等国家政策保障，在品种竞争力方面具有较大提升（图1-9）。分地区来看，东北地区、华中地区积极完善优良品种育繁推体系，强化粮食等重要农产品品牌竞争力，而华东地区、西南地区则更注重特色经济作物的品种创新推广，提升品牌竞争力。

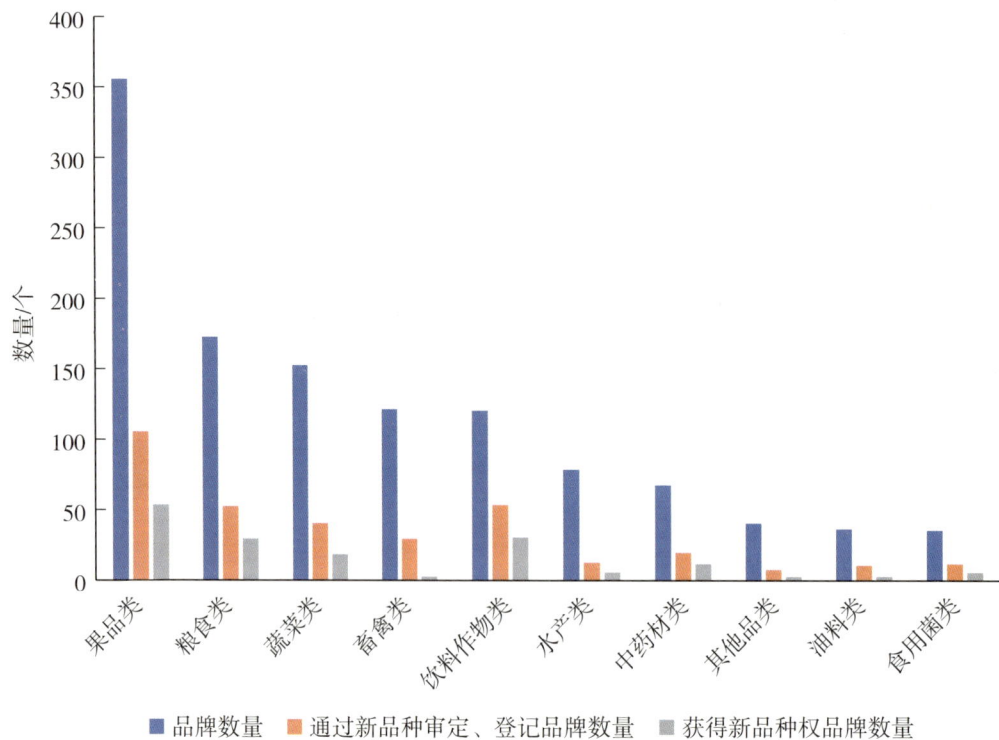

图1-9 分品类区域公用品牌品种竞争力情况

品质是获得消费者认可和市场增长的基础。各地积极发展地理标志农产品，系统推进绿色食品、有机农产品和良好农业规范等认证，切实保障农业品牌可持续发展。全国纳入省级农业品牌目录的1 100余个区域公用品牌中，有近80%的品牌通过地理标志认证；超70%的品牌，共计5 000余个授权使用主体通过绿色食品认证；近50%的品牌，共计3 000余个主体通过有机农产品认证。分品类来看，油料类、蔬菜类和饮料作物类地理标志认定方面表现突出，形成了较高的市场辨识度；部分粮食类、果品类和饮料作物类品牌主体洞悉消费端对绿色、优质、特色农产品的旺盛需求，广泛开展绿色食品、有机农产品认证，增强品牌信任度（图1-10）。整体来看，近年来，各地农业品牌聚焦品种创新与品质提升，发挥区域特色优势，优化品牌竞争策略，持续增强品牌市场竞争力。

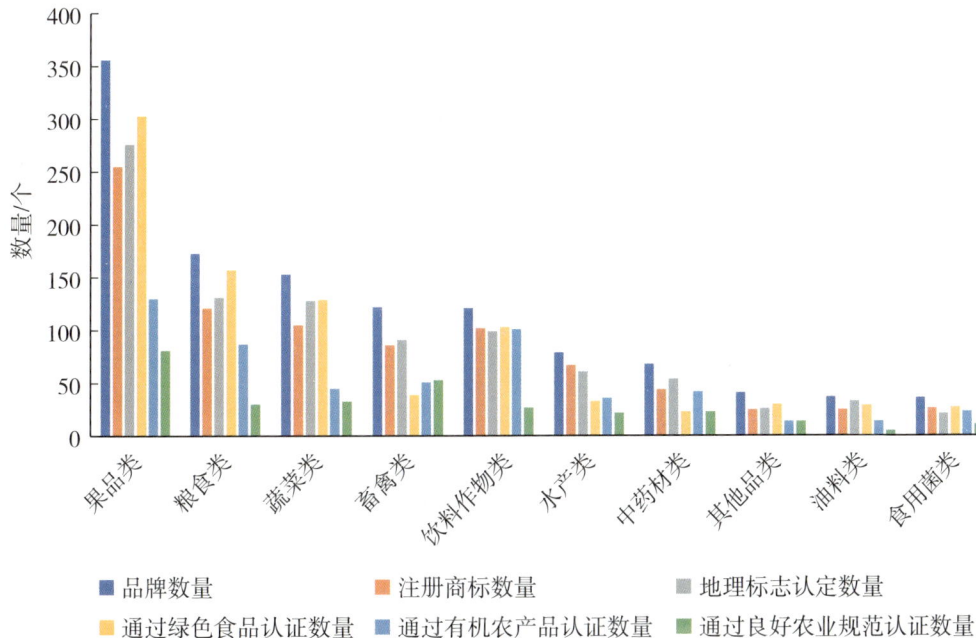

图 1-10 分品类区域公用品牌认证结构

（二）农业农村部农业品牌精品培育建设成效

按照农业农村部《农业品牌精品培育计划（2022—2025年）》总体部署，2022—2024年，农业农村部组织开展农业品牌精品培育工作，经省级推荐、形式审查、专家推选、网上公示等程序，将226个区域品牌纳入精品品牌培育计划，对精品培育品牌在基础支撑、品牌营销、渠道对接、消费促进、金融服务和海外推广等方面提供支持，同时鼓励品牌主体开展政策创新、管理创新和模式创新，引领农业品牌打造取得新进展。

1.从品牌结构来看，精品品牌广泛分布在31个省（自治区、直辖市），不同品类品牌差异较大。分品类来看，果品类品牌数量占比约30%，畜禽类品牌数量占比约20%，蔬菜类、水产类和粮食类品牌，数量占比均超10%（图1-11）。分地区来看，华东地区品牌数量占比约30%，西南地区品牌数量占比超10%，华南地区品牌数量占比近10%。

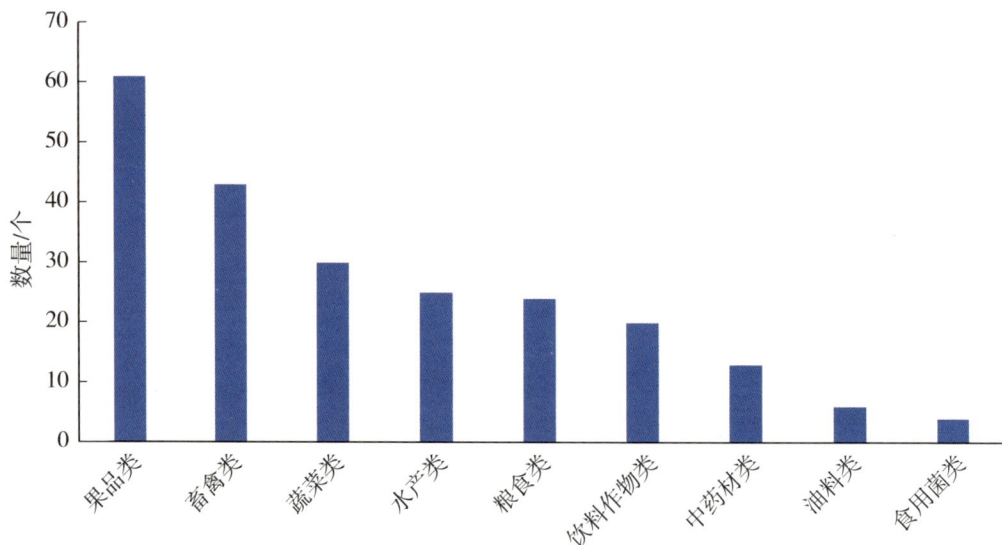

图1-11 分品类精品品牌数量情况

2.从品牌发展基础来看，精品品牌主体更关注运营管理和品牌保护，品牌主体规模相对较大，产业基础更好。一是品牌运营管理方面，纳入农业农村部精品培育计划的226个精品品牌中，多数品牌设立独立的品牌管理运营机构，常规性开展精品品牌的品牌运营、营销推广和渠道对接等工作。同时，部分品牌能够定期开展顾客满意度调查并建立售后服务管理制度，为后续品牌产品美誉度和忠诚度提升提供路径方向。二是品牌保护方面，多数品牌能够综合利用行政执法、司法诉讼、行业管理等多种方式维护自身知识产权，有效助力品牌可持续发展（图1-12）。

品牌产业基础方面，纳入农业农村部精品培育计划的226个精品品牌依托现代农业产业园区、优势特色产业集群、农业产业强镇等国家级产业载体，充分集聚土地、资金、人才、技术等优势要素资源，引领地方产业高质量发展。分品类来看，果品类、粮食类和饮料作物类精品品牌依托的国家级产业载体数量较多，充分发挥地方特色产业集群优势，通过政策引领和市场机制驱动产业提档升级，助力品牌快速发展（图1-13）。

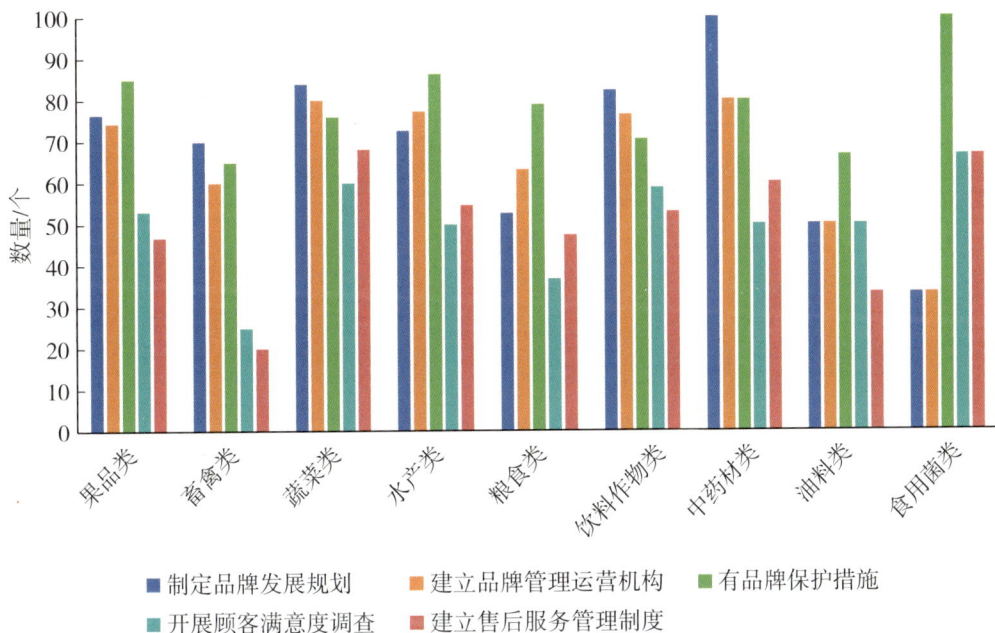

图1-12 分品类精品品牌管理措施覆盖情况

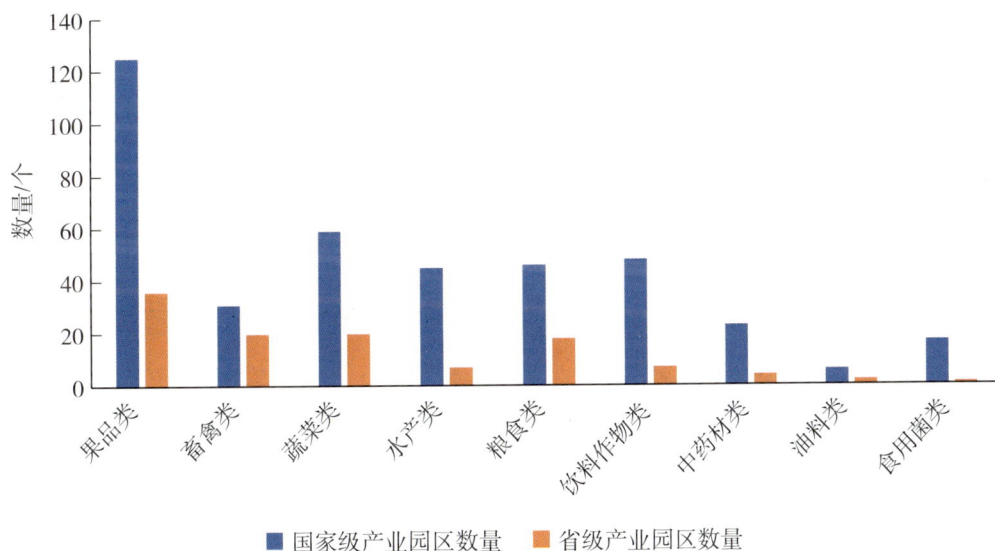

图1-13 分品类精品品牌国家级和省级产业园区情况

　　品牌主体培育方面，各地以农业品牌精品培育为抓手，通过动态授权、品牌技能培训、商标注册与质量认证服务、营销推广、渠道对接等方式培育壮大农业品牌主体，同时积极鼓励龙头企业带动合作社、家庭农场等经营主体协同发展，共同推动品牌价值提升（图1-14）。现阶段，纳入农业农村部精品培育计划的226个精品品牌共授权超1.5万个使用主体。授权使用主体中，有超2 000家市级以上龙头企业，为带动区域农业经营主体协同发展，强化品牌推广与市场开拓提供有力产业支撑。

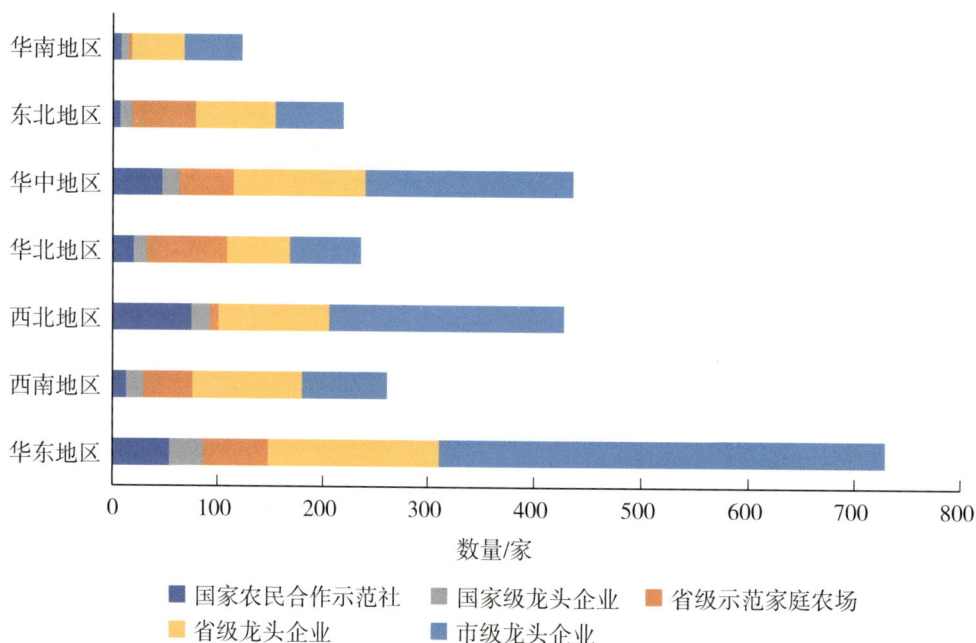

图1-14 分地区精品品牌产业带动情况

    3.从品牌竞争力影响力来看，相较于省级目录品牌，精品品牌产品在品种品质、质量认证、标准化生产、营销推广等方面具备良好基础，更容易进入消费者视线，得到消费者认可，实现溢价销售。品种品质方面，各地积极加强精品品牌品种培优和品质提升，形成品牌差异化竞争优势。分品类来看，蔬菜类品牌在新品种审定和登记方面表现突出，粮食类品牌紧随其后，展现出较强的品种创新能力；果品类品牌在有效植物新品种权保护和市场独占性方面具有明显优势（图1-15）。分地区来看，华东地区展现出较强的品种创新和保护能力，地区精品品牌在新品种审定和登记、有效植物新品种权保护方面具有显著优势。

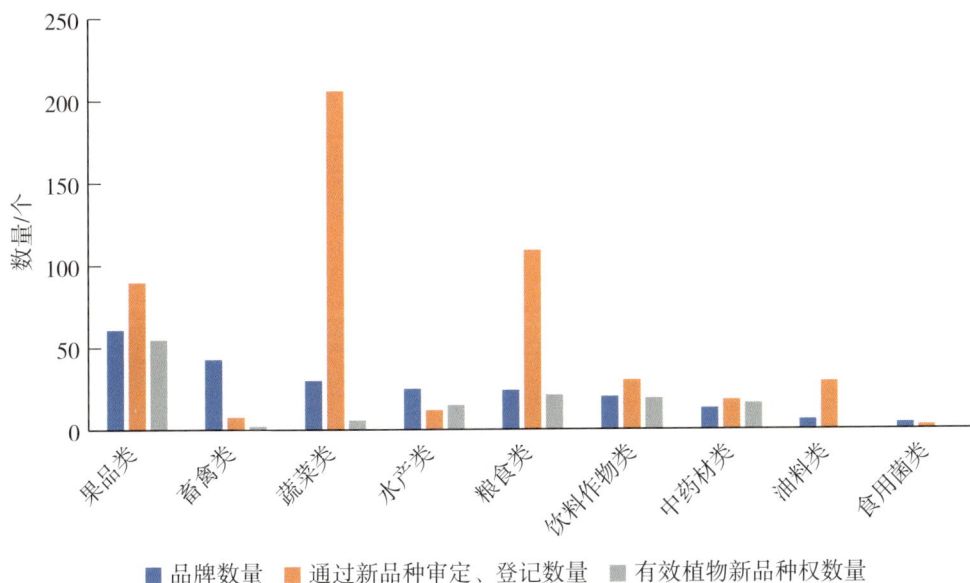

图1-15　分品类精品品牌品种竞争力情况

图例：
■ 品牌数量　■ 通过新品种审定、登记数量　■ 有效植物新品种权数量

（纵轴：数量/个）
（横轴类别：果品类、畜禽类、蔬菜类、水产类、粮食类、饮料作物类、中药材类、油料类、食用菌类）

　　质量认证方面，精品品牌高度重视品牌绿色化、标准化和可持续发展，积极推进绿色食品、有机农产品等认证工作，增强市场竞争力。纳入农业农村部精品培育计划的226个精品品牌中，共计1 700余个授权使用主体通过绿色食品认证，近600个主体通过有机农产品认证（图1-16）。分品类来看，果品类精品品牌在绿色食品认证方面优势明显，认证主体数量占比超40%。主要迎合消费群体对茶叶等产品纯天然、无添加等需求，饮料作物类精品品牌在有机农产品认证方面占比超40%。

　　品牌美誉方面，根据中国农业大学于2024年收集的淘宝、天猫、京东、拼多多等21个大型电商平台消费评价数据，纳入农业农村部精品培育计划的226个精品品牌在电商平台的美誉度平均为92%，有52%的精品品牌美誉度在95%以上。分品类来看，油料类品牌美誉度最高，平均达99%；粮食类、蔬菜类品牌美誉度紧随其后，分别为97%和95%。畜禽类、水产类品牌美誉度分别为88%和87%（图1-17）。

　　品牌溢价方面，根据中国农业大学于2024年收集的淘宝、天猫、京东、拼多多等21个大型电商平台价格数据，纳入农业农村部精品培育计划的226个精品品牌的溢价率平均约31%，近32%的精品品牌溢价率在

40%以上。分品类来看，粮食类和中药材类品牌溢价表现较高，均达42%；饮料作物类、水产类紧随其后，溢价表现在30%左右；油料类约为20%（图1-18）。分地区来看，华东地区溢价最高，平均达36%；华南地区、华北地区、西南地区分别为35%、32%和20%。

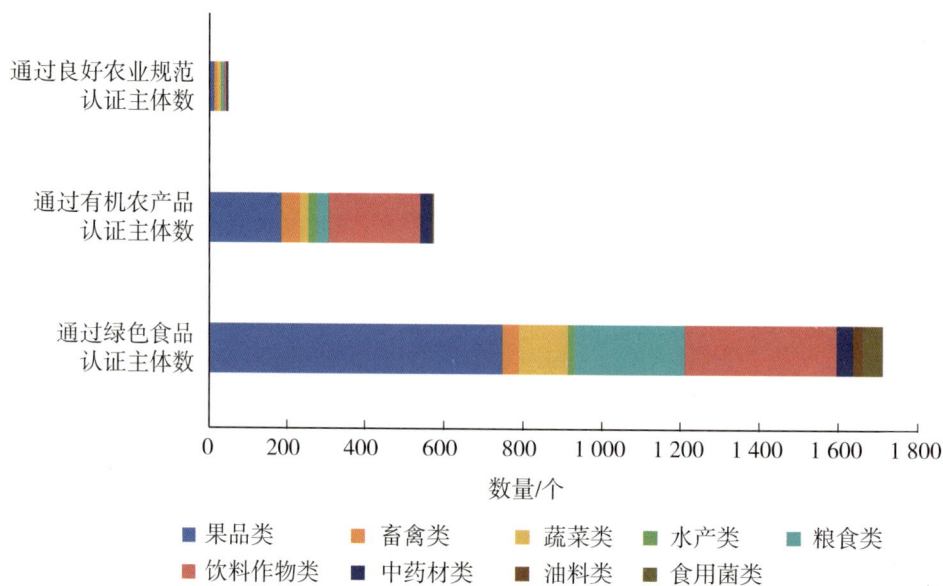

图1-16　分品类精品品牌认证结构

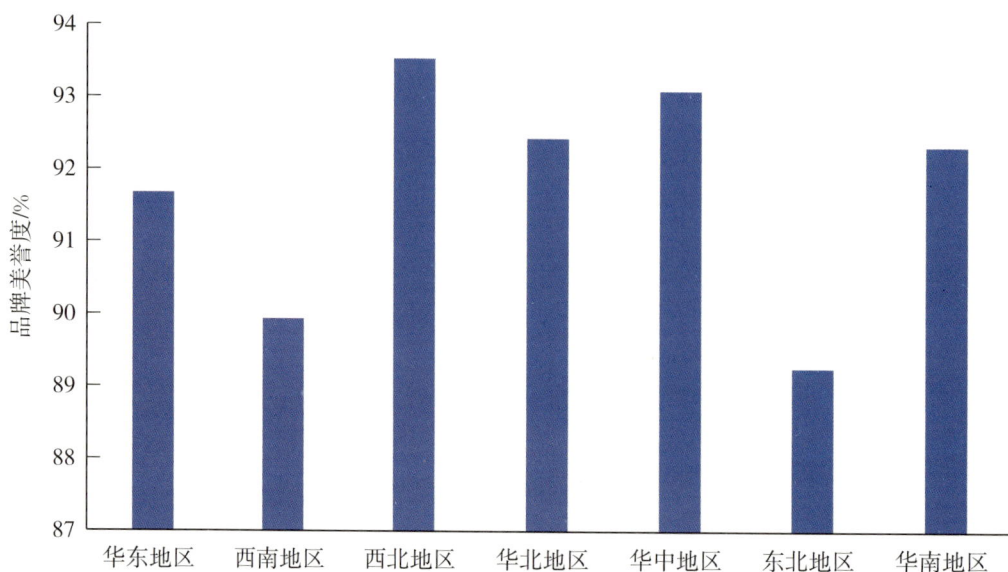

图1-17　分地区精品品牌美誉表现

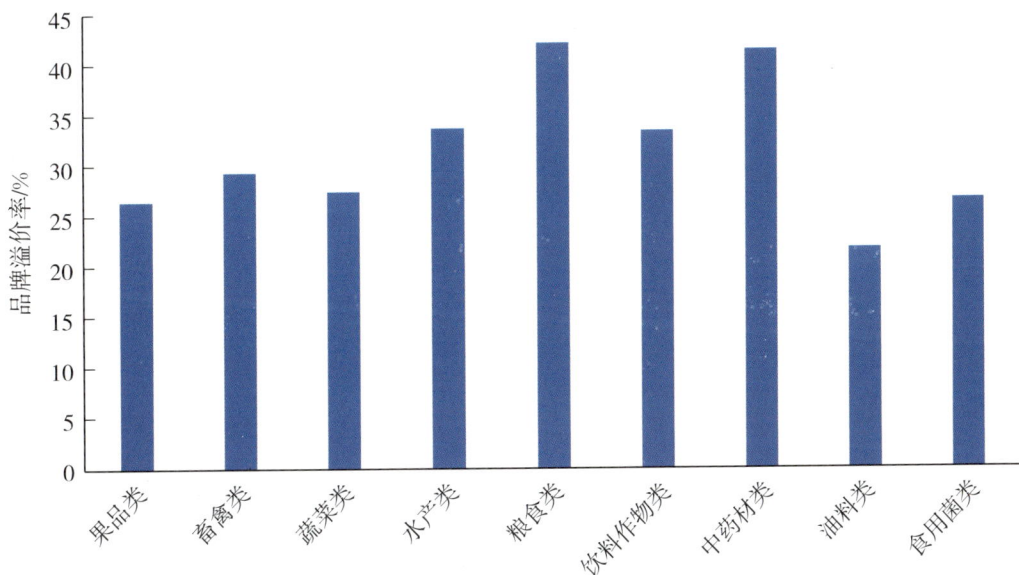

图1-18 分品类精品品牌溢价情况

4.从网络销售来看，精品品牌线上消费呈现消费人群持续扩大、销售额持续增长趋势，女性、"80后"消费群体是精品品牌消费的主力人群。根据淘宝、天猫等多个平台数据，性别方面，男女消费者数量比例约为4：6；从消费额来看，男性消费群体客单价高于女性，男女消费者消费额比例约为45：55。年龄方面，"80后"仍然是精品品牌消费的主力人群，占比超过三成，其次为"90后"和"70后"。值得关注的是，"00后"消费者越来越青睐品牌农产品，2021年以来，消费者数量呈现逐年增长趋势，占比从2021年不足4%增加到2024年约6%；"00后""90后"消费额占比也持续增长，从2021年约30%提升到近40%。

（三）脱贫地区农业品牌建设成效

我国脱贫地区农业品牌建设取得显著成效。2024年，仅淘宝和天猫平台，924个脱贫地区区域公用品牌销售额超过8.7亿元，平均每个品牌94.2万元。商家数量近8 000家，其中天猫商家同比增长40.3%，排名前五的商家市场集中度为16.8%。从品牌复购情况来看，近几年呈现逐年增长的态势，2022—2024年，复购率分别为9.4%、10.1%和11.8%，表明消费者对区域公用品牌的认可度在逐年提升。

1.品牌政策支持力度持续加大，形成部省联动、金融助力的多层次推进格局。部级层面，农业农村部制定印发《支持脱贫地区打造区域公用品牌2024年工作要点》，从主导产业培育、质量提升、市场推广等8个方面强化指导，系统性帮扶脱贫地区开展品牌建设。省级层面，各地积极落实配套政策，江西安排4 550万元专项资金支持品牌建设项目；重庆市成立老鹰茶产业指挥部并出台专项实施意见；四川、贵州、云南、青海等省均印发年度工作要点，细化品牌培育举措。金融支持同步深化，农业农村部持续完善农业信贷直通车服务，引导金融机构加强对脱贫地区区域品牌使用主体信贷支持力度，一是聚焦精品培育计划，农业银行对首批280家授权企业中的86家提供授信20.91亿元，重点支持51个脱贫地区品牌建设；二是通过"主体直报—农担担保—银行放贷"模式精准对接需求，截至2024年11月，全国累计授信6 587亿元，覆盖251万笔贷款，显著提升品牌主体融资可得性。

2.品牌产销对接渠道持续拓展，有效打通脱贫地区农产品上行通道。2024年，全国累计举办部级对接活动21场、省级活动超150场，带动脱贫地区农产品销售规模突破300亿元，其中东部协作省份采购占比达35%，形成"大平台引流、多节点突破"的渠道拓展新格局。部级层面，组织脱贫地区"土特产"走进粤港澳大湾区、长三角、雄安新区等主销区系列活动，同步开展主产区逆向采购对接，形成双向流通机制。省级层面，创新拓展三大路径：一是展会招商驱动，甘肃通过中部博览会、鲁企洽谈会等签约项目112个，引资167.38亿元；陕西在茶博会、品牌日活动中实现签约2.16亿元。二是区域协作深化，云南借力沪滇协作销售农特产品80.28亿元，宁夏推动"六盘山冷凉蔬菜"在上海签约7.18亿元。三是品牌专区赋能，湖北建设省级展销中心，设立蕲艾馆等特色专区，全年销售额超28.8亿元；内蒙古组织17个脱贫旗县进京津冀等主销区，达成意向签约262万元。

3.构建国家与省级联动的政策支撑体系，推动特色优质品牌农产品供给快速增长。部级层面，通过开辟认证绿色通道、减免费用等举措，2024年累计推动脱贫地区3 626家企业获绿色食品、有机农产品认证，减免费用超7 156万元，并指导1 685个特色产品入选全国名特优新名录，惠及5 285家经营主体。省级层面，各省份以"三品一标"为核心差异化推进。一是认证扩容，江西、安徽通过奖补政策和地标规划推动认证总数分别突破6 800个和7 100个；西藏、青海依托生态优势实现"三品一标"认证404个及新品种审定11个。二是科技赋能，青海建设国家级种质资源库，安徽将地标保护纳入省级知识产权战略，凸显科技与品牌融合效应。现阶段，脱贫地区已形成覆盖绿色食品、有机农产品、地理标志等多维度的优质供给矩阵，为乡村产业振兴注入强劲动能。

4.品牌人才队伍规模发展壮大，通过部省联动、分层施策，脱贫地区品牌人才培育实现体系化突破。部级层面，一是对接"头雁"项目，2024年增设农业品牌建设、电商直播等课程，定向培养产业领军人才；二是同步开设5期农业农村电商专题班，覆盖500名学员（脱贫县占比27.6%），重点强化品牌营销、直播运营等数字技能。省级层面，因地制宜创新培育模式。内蒙古组建农牧业品牌专家智库，为脱贫县提供品牌定位与规划指导；江西建立24个省级产业技术体系"一对一"帮扶机制，累计培训超4 000人次；贵州搭建线上平台开展"云端"培训，实现2.5万次学习互动，提升区域公用品牌运营能力。整体来看，脱贫地区已基本形成覆盖"带头人—专业人才—经营主体"的多层次品牌人才梯队，为农业品牌长效发展注入核心动能。

03 三、农业品牌建设存在的主要问题

当前，我国农业品牌建设驶入快车道，品牌数量持续增加、品牌影响力竞争力逐步提升，已成为各地推动实现农业现代化、提升农业产业竞争

力的关键一环。但在农业品牌快速发展的同时，在供求关系协调、品牌意识提升、管理体制优化等方面仍存在较大不足，我国农业品牌发展水平与全面建设现代化国家的要求相比仍有差距。

（一）品牌农产品供需不匹配

整体来看，品牌农产品供需不均衡主要体现在三个方面。一是供需时间不均衡，主要受到农业生产季节性和周期性影响，农产品供求在时间上不均衡的问题一直较为突出。部分地区在建设农业品牌、加强品种培育、改善冷链物流过程中延长了鲜活农产品供应的货架期，在一定程度上缓解了供求矛盾，但大部分品牌农产品还有较大提升空间，尤其是进口较多的产品品类，需要以品牌建设为抓手，以品牌农产品为引领，进一步加强国内供应链稳定性和效率，带动提升国内农产品的市场竞争力和占有率。二是供需结构不均衡，近年来，消费端对绿色、优质、安全、特色品牌农产品需求快速增长，根据绿色食品发展中心数据，以绿色食品、有机产品为代表的优质品牌产品销售额年增速分别为9%和25%（全球20%），均显著高于同期农产品消费增速，优质品牌农产品需求增长还有较大空间。但在我国农业生产端，农业生产经营主体和广大农民对市场需求缺乏准确预测，且品牌意识不足，导致生产供应与市场需求脱节。三是供需渠道不均衡，在消费端，消费者对品牌农产品的认知度和需求也在不断提升，但往往由于信息不对称、购买渠道受限等原因，难以获取到符合期望的品牌农产品。值得关注的是，近年来，直播电商等渠道抽成高企和产品低价冲量现象并存，优质品牌农产品存在劣币驱逐良币风险，加剧了供需结构性矛盾。这种供需不匹配不仅导致农产品价格波动大、农民收入不稳定，还影响了消费者的购买体验和满意度。

（二）品牌建设促进机制不健全

现阶段，我国农产品区域公用品牌建设尚处于发展的初级阶段，尚未形成有效的品牌建设促进机制，导致区域公用品牌建设后劲不足、发展乏力。一是品牌建设目标路径不明确，部分地区在设计实施品牌建设促进政策时短期和长期发展目标不明确，尤其是政策在促进品牌带动产业提升、区域经济发展、促进农民增收、提升消费满意度等方面作用及机制不明确；二是品牌建设促进类型不全面，农产品品牌和服务品牌、区域品牌和企业品牌、企业品牌和其他新型农业经营主体品牌等不同类型品牌建设促进之间的关系没有理顺，目前大部分地区农业品牌政策没有统筹不同类型品牌发展需求；三是品牌建设促进内容不聚焦，部分地区对现阶段农业品牌和农业产业发展面临的问题识别不充分，没有针对具体问题制定相关政策，在市场定位、科技创新、质量管理、市场营销、品牌推广等某些特定环节支持不足，整体制约了农业品牌发展速度。

（三）品牌主体意识能力不足

现阶段，农业企业品牌和产品品牌以及农产品区域公用品牌的持有主体、运营主体和使用主体不尽相同，但整体来看，品牌主体的品牌意识较弱，缺乏成熟的品牌运作模式，品牌建设维护能力不强，品牌高质量发展面临较大挑战。一是企业等经营主体对品牌建设重要性认识不足。整体来看，农业企业仍然存在"重生产、轻品牌"的倾向，多数企业仍将资产配置重点放在生产环节，未能充分认识到品牌对于提升产品附加值、增强市场竞争力的重要作用。调研中发现，龙头企业等规模较大的品牌主体品牌打造意识和品牌建设能力更强，根据《农民日报》数据，2023年，营业收入在10亿元以上的500强农业企业品牌建设投入持续增长，2023年企业品牌建设与广告投入金额均值为0.38亿元，在利润减少的情况下仍同比增长4%。但大部分中小企业尚未形成系统化的品牌战略布局，品牌定位、形象塑造、传播推广等体系亟须完善。二是公共性组织品牌建设能力不强。目前事业单位、行业协会、联盟、合作社等是区域公用品牌持有主体，总体来看，农业品牌特别是区域公用品牌主体力量薄弱、品牌建设能力不强，成为制约品牌发展壮大的重要因素。目前我国农产品区域公用品牌主要以县级或地市级为基础，其主体大多为地方性行业协会，存在专业能力较弱、服务能力不足、工作手段有限、凝聚力不足等问题，难以承担品牌建设发展和管理服务的任务。三是合作社、家庭农场和农户等区域品牌使用主体的品牌维护意识不足。由于缺乏系统性品牌管理机制，部分主体对区域公用品牌存在滥用倾向，导致产品质量参差不齐、标志使用失范等问题，加之维权意识不足使得假冒侵权现象难以得到有效遏制，这种粗放型品牌运营模式不仅造成区域品牌资产损耗，更可能引发"公地悲剧"，制约特色农业品牌可持续发展。

（四）区域间品牌发展不平衡

区域间农业品牌数量和质量差异较大，部分地区和部分品类农业品牌发展仍有较大提升空间。分区域来看，不同地区的农业资源和产业基础特色各异，农业品牌发展的先天条件存在较大差异，但从各地品牌发展实践来看，市场主体的品牌认知程度、品牌发展路径选择、政府政策支持、品牌管理制度设计等均会显著影响农业品牌的发展水平。如主要受到品牌认知程度的影响，部分地区品牌商标注册率较低，部分省份纳入省级目录重点培育的品牌商标注册率不到40%，为品牌保护和资产积累埋下隐患；主要受到品牌发展路径选择的影响，部分地区优先发展全域全品类品牌，希望以全品类品牌带动单品品牌的发展，但忽略了差异化在品牌发展中的关键作用，动辄每年千万元以上的投资却无法形成品牌资产，品牌建设效果不佳；主要受到政策支持力度和支持方向的影响，部分地区农业品牌建设起步较晚，在品牌发展过程中遇到的品种优化、品质提升、标准化生产、区域品牌运营等关键问题无法有效解决，严重制约了农业品牌发展速度和质量；主要受到品牌管理制度设计欠缺的影响，部分地区农产品区域公用品牌授权、管理、运营和保护等环节设计不合理，部分区域品牌存在有标识、没授权，有品牌、没运营，有建设、没保护等诸多问题。解决区域间农业品牌建设发展不平衡的问题需要政府、企业和社会各方面的共同努力和支持。

（五）品牌整体国际竞争力不强

整体来看，我国国内有名、世界知名的农业品牌数量较少，使用自主品牌出口农产品比例不高，品牌国际溢价能力不足，推动农产品国际贸易能力较弱。根据农业品牌调研数据，具有出口业务品牌占比为35%，而实现自主品牌出口的样本比例仅为1%。值得注意的是，部分果品、粮油等头部品牌出口存在显著的代工贴牌路径依赖现象，导致品牌溢价空间被严重压缩。深层次矛盾主要体现在以下三个方面：一是农业品牌主体国际化发展能力不足，缺少国际化战略思维及资源整合能力和创新驱动力。部分农业企业长期依赖传统经营模式，缺乏对目标市场需求、消费趋势和品牌运营的系统认知。二是对国际市场消费特征及趋势把握不够。美国、日本等国家主要依托行业协会联合众多企业抱团出海，调查国际市场需求、研判市场变化，并直接将相关信息反馈至国内生产经营主体。我国行业协会数量众多但影响力明显不足，单个企业主体力量薄弱，无法针对国际主要消费市场做针对性调研。三是品牌历史文化输出重视程度不足。日本、韩国等品牌强国均在农业品牌输出之前先将农业历史文化尤其是饮食文化输入目标国家和地区，为品牌农产品进入目标市场打下良好基础。我国农业品牌相较存在明显差距，对历史文化的挖掘、加工和输出都有较大提升空间。

四、中国农业品牌发展展望

（一）特色品牌打造助力农业强国建设

纵观全球农业强国，无一不是品牌强国。农业优质化、安全化、绿色化、品牌化水平高，农业及其关联产业的国际竞争力和品牌影响力强，是农业强国的基本特征之一，也是农业强国建设的重要目标。锚定农业强国目标，需要坚持品牌强农方向，处理好农业品牌建设与供给保障强、科技装备强、经营体系强与产业韧性强等目标之间的关系。一是聚焦农业品牌发展，强化供给保障能力，重点把握好重要农产品有效供给，推动实现供给与需求相匹配，既关注供给的数量和质量，又统筹考虑资源可持续利用和生态安全等问题，既关注国内生产保供，又统筹考虑农产品供给的安全性主动权及国际市场资源的高效利用；二是以品牌建设为抓手，面对资源约束趋紧、环保压力加大等现实挑战，不断攻克种子、农机等领域关键核心技术，着力提升科技装备水平，实现科技装备实力与品牌力互促共进，推动农业发展实现质量变革、效率变革和动力变革，提高全要素生产率，不断夯实质量效益和竞争力基础；三是以品牌建设为引领，加强经营体系建设，不断完善农业品牌利益联结机制，推动家庭经营、集体经营、合作经营和企业经营共同实现高质量发展，促进小农户和现代农业发展有机衔接，更好夯实农业强国建设的组织基础；四是以特色产业品牌打造为重点，促进产业延链补链强链，推动产业融合发展，同时精准识别农业系统风险并做好监测预警和管控，增强风险转移能力，提升产业链供应链抗风险能力和稳定性，筑牢农产品有效供给"防御系统"。

（二）竞争加剧对品牌打造提出更高要求

随着政府部门、市场主体对品牌重视程度不断增强，农业品牌打造效果逐渐显现，部分优势品牌价值凸显，品牌之间的竞争加剧，我国农业品牌发展进入快车道。一些农业品牌已经成长为促进产业和经营主体快速发展的重要资源，促进品牌与渠道联合、品牌与平台互促、品牌与产地共进，这一趋势将造成强强联合，生产者、服务商、渠道商联合共同塑造高质量农业品牌。客观上，对强势农业品牌打造提出了更高要求，为了在竞争中脱颖而出，一是需要品牌主体聚焦消费者高品质、健康、安全食品需求，更加注重差异化、特色化、品质化，不断提炼品牌特点、品牌故事，提升品牌声誉，树立独特品牌形象和价值主张。二是需要持续加强品牌品质管理，提高产品质量和安全性，包括加强生产过程的监管、提高技术水平、采用先进的生产设备等措施。三是需要积极拓展销售渠道，提高市场占有率和竞争力，例如在超市、电商平台等渠道通过线上线下相结合的方式销售产品，同时通过社交媒体等平台加强品牌宣传和推广。四是需要关注消费者需求和反馈，及时调整产品和服务，提高客户满意度。这可以通过市场调研、用户反馈等方式获取消费者需求和意见，进而改进产品和服务（图1-19）。五是引领和适应消费者的消费潮流，需要对消费者的消费动态保持高度敏感，据调查，45%的成年人认为，在购买产品时，确保品牌价值与自己的价值观一致是其首要考量。

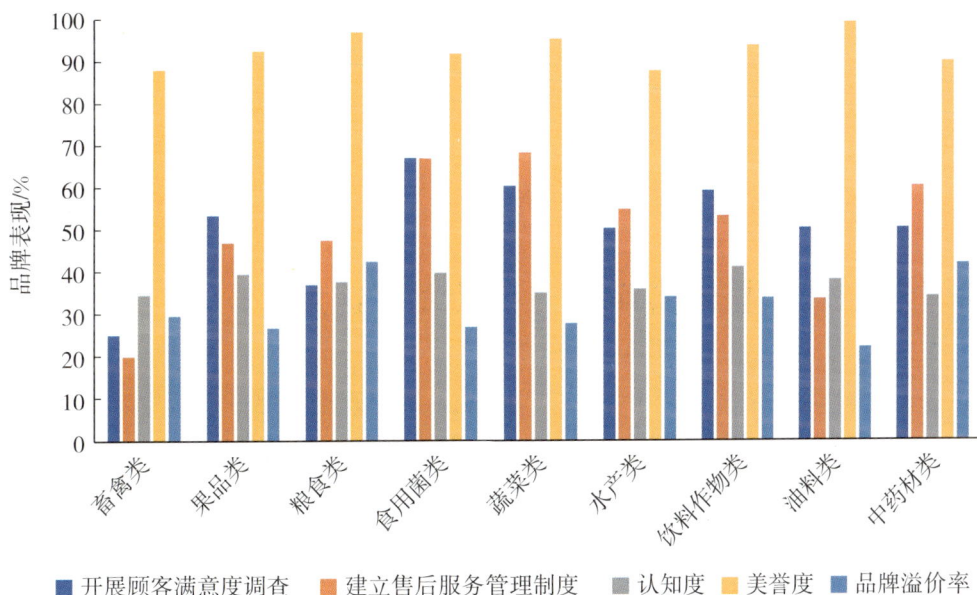

图1-19 226个精品品牌分品类情况

（三）"健康"食物需求引领品牌发展方向

随着居民收入水平不断提高，2024年我国整体恩格尔系数已经降到

29.8%。相关国家经验表明，当恩格尔系数降到40%以下，居民将从注重农产品质量和安全逐步过渡到对农产品营养、安全卫生水平的关注，我国居民食物消费已实现跨越式升级，由"吃得饱"向"吃得好""吃得健康""吃得开心"不断迈进。同时，由于健康意识的增强，为预防慢性疾病发生，消费者正在寻求富含蛋白质、维生素和矿物质等必需营养素的食品。2023年，仅小红书一个平台上营养与健康趋势词阅读量同比增长505%，控糖饮食、低卡零食话题阅读量分别达10.3亿次和2.5亿次，具有清洁标签、有机认证、不含防腐剂且营养丰富的食品受到广泛关注。消费者对食用油、粮食、蔬菜和食用菌、水果、饮品等食品需求正在发生结构性调整。如拥有独特风味和营养价值的橄榄油得到消费者高度关注，三年来在国内大型电商平台上的年销售增速超过100%；青稞、糙米、奇亚籽、亚麻籽、高粱等杂粮产品在近年增速亮眼，其中，青稞和糙米更是以年均5~6倍增幅成为"显眼包"。根据国家统计局数据，10年来我国蔬菜及食用菌人均消费量增长超过10%，且消费品类日益多元，食用菌的保健功能驱动了多种药用菌消费需求的不断增长。

（四）数字技术应用提升品牌发展速度

数字技术是新质生产力的创新引擎，其在农业品牌建设的应用具有巨大的潜力和优势，能够为农业品牌建设提供精准的市场定位、有效的营销策略、广泛的传播路径和直接面向目标消费群体的销售渠道，能极大地提升品牌竞争力影响力。在建设农业品牌过程中，一是要借助大数据信息，定期收集、分析、预判和传递消费需求及变化，从心理需求、功能需求、情感需求等多个方面开展销地目标消费群体研究，实现品牌精准定位和精准营销，提高品牌差异化水平和传播针对性，快速提升品牌资产价值；二是要充分利用电商平台（生鲜电商平台、农产品垂直电商平台）、社交电商平台、直播带货平台等互联网平台拓展品牌农产品销售渠道，优化流通环节，减少流通成本，让农民分享到更多品牌溢价收益，以品牌发展带动农民增收；三是顺应数字化发展趋势，以地方政府部门、行业协会、农业企业等为核心主体，构建品牌互联网传播矩阵，聚焦主要产业特色品牌开展品牌互联网推广，提高品牌数字传播效率；四是创新营销策略，在创新品牌传播内容和传播方式的同时，通过优质内容激发消费者购买兴趣，提升流量转化率和用户黏性。

（五）品牌价值观驱动品牌可持续发展

农业品牌的精髓或"品牌DNA"，是品牌资产最重要的组成部分，即品牌传递给消费者的"价值认同"。《2025全球消费者趋势》开展的一项涉及中国、美国、加拿大等全球国家的消费者调查显示，45%的被调研对象表示在购买产品时，品牌价值观与自己的价值观是否一致是其决定是否购买的主要因素。这种"价值认同"包括理性价值、感性价值和象征性价值。在农业品牌提供给消费者的价值认同中，与消费者价值观、信念、信仰相吻合的品牌价值最容易获得消费者的认同。为了更好地提升消费者对品牌农产品的喜好度和忠诚度，一是明确品牌价值观，明确品牌倡导的理念和信念，与目标市场目标消费群体的价值观契合，引起消费者的共鸣和认同；二是践行品牌价值观，品牌主体在品牌建设过程中注重环保、支持可持续发展、关注农民利益等，通过实际行动展示品牌责任感和担当，进一步赢得消费者的信任和尊重；三是融入文化元素触发消费共鸣，从地域传统文化中汲取灵感，将文化元素融入品牌标识、产品设计和广告传播，在塑造品牌个性的同时增强品牌辨识度，让品牌承载的文化理念契合消费者价值观，赢得消费者长期支持和信赖；四是创新价值观传递方式，创新品牌传播策略，如以故事化表达、视觉化传递、互动式参与、沉浸式体验等多种方式增强消费者对品牌价值观的认同，从而建立更强大的品牌形象和市场竞争力。

下篇

行业报告

中国农业品牌发展报告（2025）

中国农业大学国家农业市场研究中心

粮食品牌建设研究报告

01 一、粮食产业发展分析

（一）粮食总产量稳定增长

根据国家统计局数据，2023年全国粮食播种面积178 453万亩[①]，同比增长0.5%；单产390千克/亩，同比增长0.8%；粮食总产量13 908亿斤[②]（69 541万吨），同比增长1.3%，连续9年稳定在1.3万亿斤以上。其中，稻谷产量4 132.1亿斤，同比下降0.9%；小麦产量2 731.8亿斤，同比下降0.8%；玉米产量5 776.8亿斤，同比增长4.2%；大豆产量416.8亿斤，同比增长2.8%。

（二）粮食贸易以净进口为主

根据海关总署数据，2023年中国粮食进口16 196.4万吨，同比增长11.7%；出口261.8万吨，同比下降18.2%。其中，粮食进口前三位分别为大豆、玉米和小麦，分别进口9 940.9万吨（占总进口量的61.4%）、2 712.9万吨（16.8%）和1 209.9万吨（7.5%）。从进口金额看，中国前

---

① 亩为非法定计量单位，1亩等于1/15公顷。——编者注
② 斤为非法定计量单位，1斤等于0.5千克。——编者注

三大进口贸易伙伴为巴西、美国和澳大利亚，进口金额分别为450.3亿美元、194.5亿美元和38.3亿美元，分别占粮食进口总额的54.7%、23.6%和4.7%。

（三）大米加工企业数量最多

根据国家粮食和物资储备局数据，2022年全国粮食产业企业总数为23 741家，其中大米加工企业数量为10 155家，占比42.77%，其次为饲料企业和食品及副食酿造企业，占比分别为20.21%、11.66%。

（四）粮食流通体系逐步完善

近年来，各地聚焦粮食产后服务优化，注重粮食流通体系构建，打通优质粮食上市的"最先一公里"。截至2023年，全国已建成5 500多个粮食产后服务中心，推广使用1 000万套农户科学储粮装具，有效助力节粮减损。拓展线下销售网络，打通销售"最后一公里"，建成了一批"好粮油"线下便利店、形象店、体验店和直营店。丰富线上销售平台，支持建设"中国好粮油"电子交易平台，各地优质粮油产品积极入驻，有效促进品牌粮食产销对接。

02　二、粮食品牌发展分析

（一）粮食品牌在农业品牌中占据重要地位

粮食类品牌入选《中国农业品牌目录2019区域公用品牌》45个，纳入农业农村部农业品牌精品培育计划28个，纳入省级农业品牌目录重点培育170余个，在各品类排名中均排名第二。分品类看，纳入目录的粮食品牌主要包括水稻、杂粮、薯类、小麦、玉米和大豆（图2-1）。

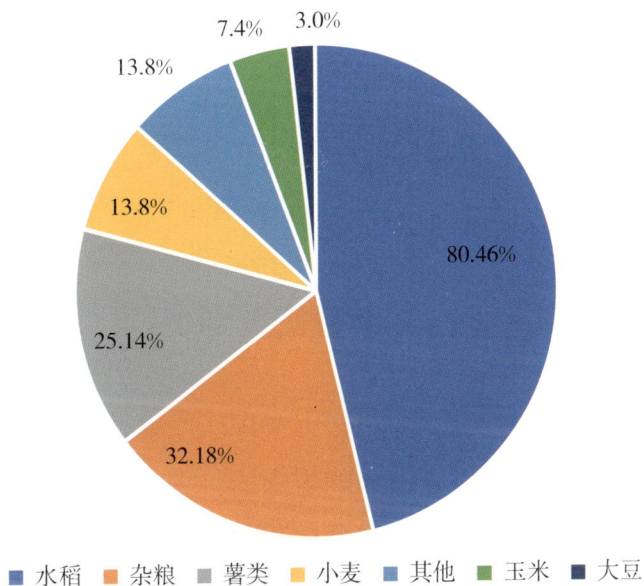

图2-1　各省份品牌目录粮食品牌占比

（二）粮食类地理标志产品以稻谷、杂粮为主

截至2023年12月，国家知识产权局认定了2 060个农产品地理标志产品，粮食类共304个（占比14.8%），其中，初级农产品有145个（占粮食类47.7%），食品及副食酿造等加工产品159个（占粮食类52.3%）。主要品类包括稻谷117个，杂粮92个，豆类50个（表2-1）。截至2022年2月，农业农村部认定3 510个全国农产品地理标志产品，其中粮食类共418个（12%），以初级农产品为主。分品类看，稻谷（157个）、杂粮（115个）、薯类（80个）品牌数量较多。

表2-1　粮食地理标志产品分类数量

初级产品（145个）			加工产品（159个）		
品类	数量（个）	占比（%）	品类	数量（个）	占比（%）
稻谷	77	53.1	稻谷	40	25.2
杂粮	26	17.9	杂粮	66	41.5
豆类	19	13.1	豆类	31	19.5
小麦	1	0.7	小麦	15	9.4
薯类	19	13.1	薯类	7	4.4
玉米	3	2.1	玉米	0	0

数据来源：国家知识产权局。

（三）粮食品牌溢价高、销售渠道多样

根据中国农业大学于2024年收集的淘宝、天猫、京东、拼多多等21个大型电商平台价格数据，粮油类品牌平均溢价率为42.19%（图2-2），在所有品类中溢价率最高；粮食类品牌平均复购率为23.60%（图2-3），在所有品类中相对较低。根据粮食产业品牌调研数据，粮油类品牌产品主要通过电商平台、大小超市、批发市场、农贸市场、企业收购、经纪人收购和政府采购等多种销售渠道。

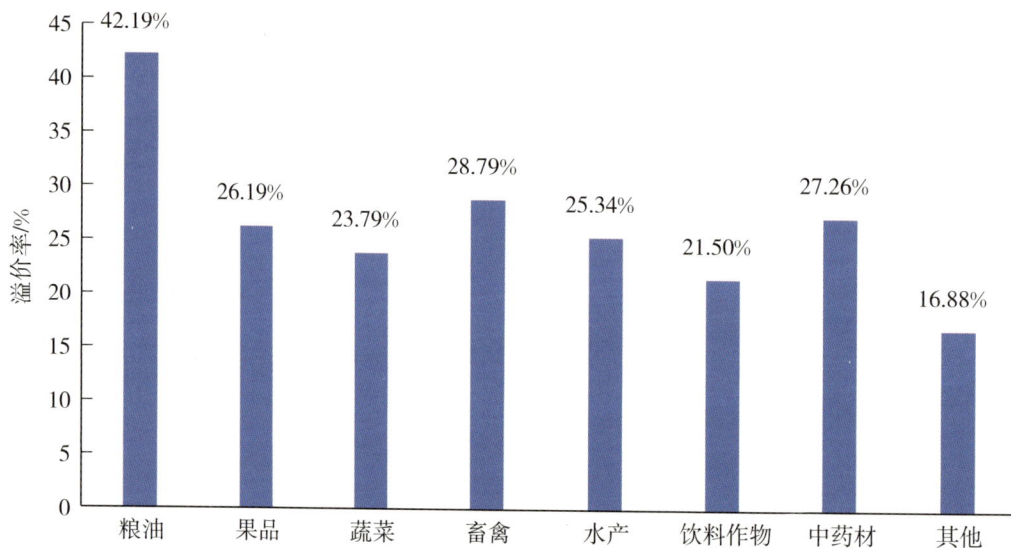

图2-2　头部农业品牌溢价率

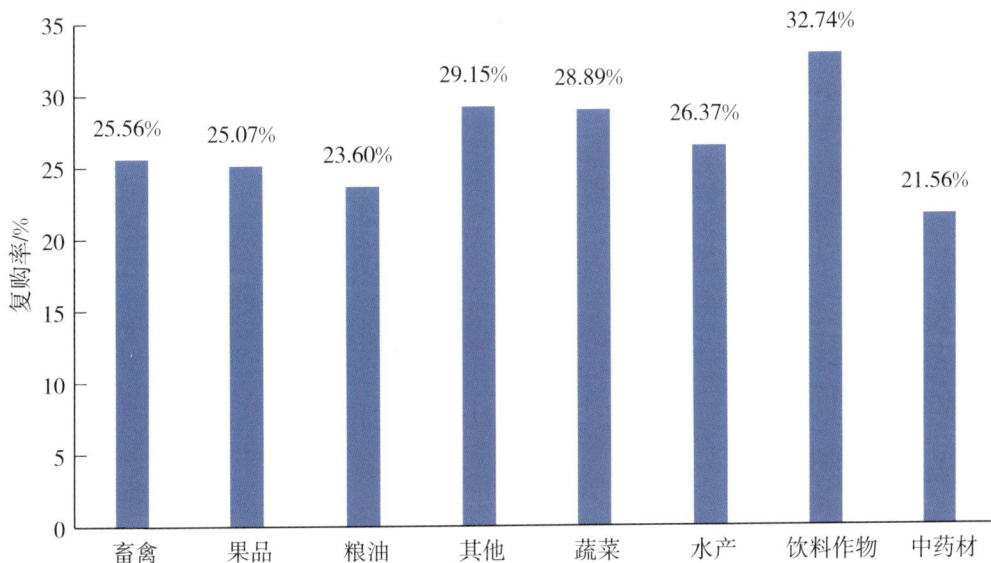

图2-3　头部农业品牌复购率

（四）粮食品牌主体数量多、带动力强

根据省级农业品牌目录数据，173个粮食品牌共授权使用主体超1万个，平均单个品牌授权超60个主体，远高于全国平均水平（近30个）。粮食品牌授权主体中，共有国家级龙头企业近80家、省级龙头企业超500家、市级龙头企业超700家。带动农户数量超1 200万户。

（五）粮食品牌扶持政策不断完善

党中央、国务院高度重视粮食品牌建设。2013年，习近平总书记指出，"要大力培育食品品牌，让品牌保证人民对产品质量的信心"。2016年，习近平总书记强调，"粮食也要打出品牌，这样价格好、效益好"。2017年，国务院办公厅发布《关于加快推进农业供给侧结构性改革大力发展粮食产业经济的意见》，提出要发挥品牌引领作用，培育一批具有自主知识产权和较强市场竞争力的全国性粮食名牌产品。农业农村部及相关部委与地方政府协同发力，制定出台相关政策文件，推动粮食产业及粮食品牌高质量发展。2018年，农业农村部印发《关于加快推进品牌强农的意见》，提出"要积极培育粮棉油、肉蛋奶等'大而优'的大宗农产品品牌"。2021年，农业农村部印发《"十四五"全国种植业发展规划》，提出要在粮食主产区创建地域特色突出、产品特性鲜明的区域公用品牌和特色产品品牌，支持企业打造有影响力、竞争力的知名品牌。2021年，国家粮食和物资储备局印发《粮食品种品质品牌提升行动方案（试行）》，明确到2025年，优质粮食供给更加丰富，粮食品质明显提升，粮食品牌体系更加完善，粮油品牌和营销市场竞争力持续提升。2022年农业农村部办公厅印发《种植业"三品一标"提升行动实施方案（2022—2025年）》，提出打造一批区域公用品牌，将基地建设与绿色、有机、地理标志产品认证相结合，加强宣传引导和市场培育，提高区域公用品牌覆盖面和影响力、竞争力。

03 三、粮食品牌面临问题

（一）粮食品牌建设认识有待深化

现阶段，各级政府部门高度重视粮食品牌建设，但由于对品牌建设基本理论和方法研究不够，缺乏对品牌建设的规律性认识，"重评比、轻培育""重形式、轻根基""重口号、轻机制"等倾向明显。粮食企业层面在品牌建设上的资金、人力、时间精力等方面投入明显不足，品牌的知名度和竞争力较低。

（二）品牌粮食同质化较强竞争激烈

相较于水果、林特、畜牧等农产品，同品类甚至不同品类间的粮食具有一定的替代性，而且粮食同品类间的地域性差异小，品牌差异化打造难度大。同时，现阶段粮食品牌营销策划针对性不强问题突出，品牌知名度和影响力提升缓慢。

（三）粮食品种品质有待进一步提升

根据中国农业大学国家农业市场研究中心对京东、淘宝等国内大型电商平台近200万条品牌农产品消费评价数据，63%的粮食品牌产品消费差评聚焦在品种与预期不符、外观（色泽、大小）与描述不符、口感（软硬度、香气、含水量）不好以及品质不稳定（甚至掺杂陈米）等问题。

（四）粮食全产业链标准化程度低

现阶段，我国粮食种植仍以小规模农户为主体，"小散弱"的加工企业较多，生产加工方式仍以传统为主，优质粮食生产规范、单收单储制度和优质加工标准尚未得到广泛应用，全产业链协同程度低，制约粮食品牌产品实现"优质优价"。

四、对策建议

确保粮食安全和重要农产品有效供给是农业农村工作首要任务。粮食品牌打造要以提高种粮收益为目标，加强规划引领，提升产品品质，聚焦监管保护、品牌营销和人才支撑，为引领粮食产业转型升级、实现粮食稳产及农民增收发挥重要作用。

（一）科学制定规划，实施差异化品牌战略

根据粮食行业的特点和实际，学习借鉴国内外先进的品牌建设方法和品牌管理机制，研究制定科学的粮食品牌发展规划。实施差异化的品牌发展战略，建立健全粮食品牌经营管理体系，开展市场调查、品牌评价、营销推介等，把握产业发展趋势，突破关键核心技术，补齐发展短板，开拓推广渠道，增强品牌核心竞争力。

（二）加强质量监管，健全追溯和监测体系

推动粮食产品质量追溯体系建设，建立种植、加工、流通、消费全过程质量追溯规范和体系，逐步实现"生产有记录、流向可追踪、信息可查询、安全可追溯"，促进产品质量提高。建立健全粮食品牌产品检验监测网络体系，提升检验监测能力和水平，及时排查收购、储藏、加工、运输、销售等环节中存在的质量安全隐患，满足安全健康的消费需求。

（三）严打侵权行为，全方位强化品牌保护

进一步加大对"绿色食品"等认证产品的证后监管和市场检查力度，推动地方出台完善区域公用品牌（商标）使用管理办法。把打假维权摆到更加突出的位置，重点打击冒用地标和商标、掺混调和、无证生产、虚假宣传等侵权违法行为，净化品牌粮食市场。发挥相关行业协会作用，强化行业自律，推动行业诚信体系建设，维护好粮农、粮企和消费者权益。推动品牌主体既要创品牌、打品牌，更要护品牌，采取积极主动措施，维护品牌声誉和形象。

（四）强化品牌营销，提高粮食品牌知名度

进一步依托中国国际农产品交易会、中国农民丰收节等展会节庆活动，开展粮食品牌省（部）长推介、名人公益推介、农民推介、市（县）长推介、农业企业推介等系列活动。组织金秋消费季、线上大米消费季、粮食品牌大会、粮食安全与稻作文化论坛等重点活动，通过粮食品牌展示、美食品鉴、电商促销等形式，展示推介粮食品牌。

（五）培养人才队伍，提高专业化支撑能力

把人才培养作为推动粮食品牌打造的重要内容，系统开展品牌和电商培训，努力造就一支懂技术、善经营、重品牌的新型职业农民队伍。引导科研院所完善品牌课程体系，加强品牌人才培养，提供专业培训服务，打造粮食品牌建设所需的多层次人才队伍。建立健全粮食企业人才引进机制，广开用人渠道，落实优惠政策，吸引优秀人才进入粮食产业。

蔬菜品牌建设研究报告

01 一、蔬菜产业发展分析

（一）蔬菜产能持续扩充，供给保障能力进一步增强

近年来，国家通过实施"菜篮子"工程、绿色通道、产业发展规划等政策推动蔬菜产业持续发展。2023年，我国蔬菜产量8.3亿吨，十年间年均增长2.75%，其中，种植面积增长贡献率达到71%；蔬菜人均占有量达到588千克/人，城乡居民需求基本满足，整体上蔬菜市场从卖方市场转为买方市场。

（二）基础设施及政策配套逐步完善，蔬菜大流通格局逐渐形成

全国80%的蔬菜通过批发市场流通，20%依靠商超直销等模式。交通网络和物流大数据的完善，加速"买全国、卖全国"格局的形成，有效缓解了蔬菜供需的季节性与区域性矛盾。

（三）蔬菜市场价格波动明显，"卖菜难"与"买菜贵"交替显现

蔬菜易受到季节、天气、地理等因素影响，价格波动剧烈。根据中国

蔬菜协会价格监测，2020—2024年蔬菜地头价格波动系数达18%。价格波动主要表现为季节性波动、结构性失衡及区域性供需不匹配，导致"蒜你狠"和"姜你军"等现象时有发生，"卖菜难"与"买菜贵"交替显现。

（四）蔬菜产业受"双板挤压"严重，经营主体竞争力普遍较弱

蔬菜价格受"天花板"限制，而化肥、农药和人工等生产经营成本刚性增长，导致蔬菜经营主体抗风险能力较弱，企业规模化发展受限。此外，以蔬菜为主营业务的上市公司数量显著低于畜产品和粮食企业，龙头企业发展亟须加强。

（五）蔬菜出口贸易持续增长，多年以来一直保持顺差

2024年蔬菜出口达1 497万吨，近10年年均增长4.4%，主要出口品类包括鲜冷冻蔬菜和加工保藏及干蔬菜，主要出口至日本、越南及中国香港等地。蔬菜进口仅40万吨，蔬菜贸易顺差达176亿美元，为平衡我国农产品贸易逆差作出重要贡献。

二、蔬菜品牌发展分析

（一）蔬菜产业品牌发展相对滞后，打造区域品牌成为工作突破口

蔬菜品牌化建设滞后，与其作为我国第二大作物的地位不符。2019年评选的300个中国农产品区域公用品牌中，蔬菜占18%，其中特色蔬菜品

牌占蔬菜的57.4%，大宗蔬菜占蔬菜的11.1%。2020—2022年评选的226个农业企业品牌中，蔬菜企业品牌为39个，占17%，其中食用菌企业品牌占蔬菜企业品牌的43.6%，特色蔬菜占33.3%，大宗蔬菜占23.1%。此外在农业农村部认定的3 510个农产品地理标志中，蔬菜品牌有846个，占24.1%。适宜加工或耐储藏的特色蔬菜和食用菌类优势明显，而大宗蔬菜品牌建设存在短板。

（二）蔬菜种植"散而杂"制约品牌发展，推进规模连片种植是方向

蔬菜生产分散杂乱制约了品牌建设。实践中，各地一是通过优化产业布局，推进集中连片种植，发展特色品种，形成优势产业带。二是扶持合作社和产业联盟，建立"产业联盟＋企业＋基地＋农户"的利益联结机制。三是通过冷链物流、加工与仓储一体化运营模式，推进全产业链建设。如宁夏依托设施蔬菜、冷凉蔬菜等特色优势，建成1 472个集中连片基地，实现全链条提升。

（三）蔬菜生产经营主体"小而弱"品牌打造有难度，培育壮大经营主体强核心

小而弱的经营主体难以支撑蔬菜品牌建设。各地积极推行"龙头企业＋专合社＋农户""产业联盟＋企业＋基地＋农户"等模式，培育壮大合作社和企业，紧密利益联结，推动形成蔬菜产业集群。湖南"湘江源"蔬菜特色产品，培育26家省、市龙头企业，实现全产业链产值超150亿元。

（四）蔬菜产品鲜嫩易腐上市不均，坚守品控与均衡供应强基础

蔬菜鲜嫩易腐和标准不一影响品牌产品质量。各地通过提升储藏保鲜

设施，优化区域布局，缓解蔬菜季节性供应不平衡问题，以龙头企业推动标准化生产与全程追溯，发展蔬菜精深加工，提升产品附加值。湖南郴州参照"供港澳"标准严格质量管控，推行农产品"身份证"制度实现全程追溯。

（五）蔬菜产品同质化制约品牌溢价，产品与文化融合是关键举措

蔬菜产品同质化制约品牌溢价。各地通过融合历史、饮食及节庆文化元素，打造品牌形象，提升品牌特性，筹办节庆活动，讲好品牌故事，扩大品牌影响力。如山东寿光通过中国（寿光）国际蔬菜科技博览会融合文旅活动，20余年吸引了50多个国家3 000多万名展商和游客。

03　三、蔬菜品牌面临问题

（一）品牌意识不足，蔬菜品牌覆盖率低

多数蔬菜生产经营主体缺乏系统化的品牌策划与运营理念，重生产轻品牌现象普遍。如实地了解到某地级市2023年仅8%的农民合作社拥有注册商标。蔬菜品牌整体存在规模小、知名度低、品牌体系分散且影响力不足现象。

（二）缺乏龙头企业带动，市场竞争力不强

蔬菜品牌建设起步晚，产业基础薄弱，龙头企业数量少，资源要素投入不足，难以带动行业规范化发展。蔬菜产品多以初级形态进入市

场，质量稳定性差，附加值低，溢价能力弱，市场覆盖率有限，影响整体竞争力。

（三）品牌体系不太完善，宣传推介合力不足

蔬菜区域公用品牌、企业品牌、产品品牌缺乏有机联动，宣传手段单一，市场定位不清，难以形成叠加效应。缺少权威高效的农业品牌公益服务平台，蔬菜品牌推介成本高，效果差，品牌影响力有限。

（四）跨区域部门协作联动不足，品牌保护难度大

"搭便车""傍名牌"等侵权现象频发，维权过程举证难。鉴定环节多、成本高，监管难度大。例如，某品牌菜心因假冒行为泛滥，品牌真假难辨，消费者信任度受损，管理部门也维权困难。

（五）品牌人才缺乏，品牌建设创新力不足

多数蔬菜经营主体规模小，缺乏专职品牌团队和品牌长期规划能力，品牌设计同质化严重。同时，政府层面对蔬菜品牌运营管理的培训力度不足，缺乏推动品牌建设和创新的专业人才队伍。

四、对策建议

（一）强化政府工作引导，落实各参与方主体责任

建议政府统筹蔬菜产业发展，构建"政府引导—市场运作—社会参与"

的多元协作机制。根据地区发展水平，薄弱地区应优先发展区域公用品牌，带动企业品牌与产品品牌发展；发展较好地区应壮大龙头企业，严控产品品质，延伸产业链，不断做强企业和产品品牌，实现多品牌叠加效应。

（二）推动品牌资源整合，加强蔬菜优势品牌培育

建议各地整合蔬菜产业链资源，以品牌理念促进三产融合发展。精准定位当地特色优势蔬菜产品，筛选一批销售渠道广、组织带动能力强的企业和合作社，围绕选种选育、标准种植、产地加工、冷链仓储、品牌运营、市场营销一体化全产业链打造，培育一批全国知名蔬菜品牌，提升品牌公信力和影响力。

（三）完善品牌监管机制，防范蔬菜产品安全风险

建议地方政府以"标准＋认证"推动企业落实食品安全主体责任，实现蔬菜生产全程可追溯。通过宣传教育、政策引导、技术培训，引导农户标准化生产。推动蔬菜企业参照区域公用品牌相关标准，打造企业自身产品生产及质量标准，促进品牌良性发展。

（四）打造公共服务平台，提升蔬菜品牌建设能力

建议各地围绕蔬菜品牌搭建涵盖产品提升、品牌打造、人才培训和宣传推介的公共服务平台，为蔬菜品牌建设提供整合服务，达到减少重复投入、提高资源效率、加强信息共享的目的。

（五）加大投入和保护力度，保障蔬菜品牌持续发展

建议各级政府部门继续加大对蔬菜品牌建设的扶持力度，推进特色蔬

菜产业品牌规划、产销对接和宣传推广，加大对蔬菜核心技术攻关投入，提升产品质量与加工能力。完善蔬菜品牌评选与保护机制，加强跨部门、跨区域协作，严厉打击侵权行为。

果品品牌建设研究报告

01 一、果品品牌发展分析

中国水果产业品类多、总量大，水果已经成为继粮食、蔬菜之后的第三大农业种植产业，果园总面积和水果总产量常年稳居世界首位。近年来，中国水果产业快速发展，种植面积和产量均稳步增长，区域品种优势明显，对农业和农村经济的贡献日益增强。但也存在着水果价格整体偏高、附加值低、高端优质水果供应不足、低端水果产能过剩等结构性矛盾和供需失衡问题。

（一）果品市场规模与品牌分布

近年来，果品市场呈现供给宽松态势。根据国家统计局数据，2023年中国水果产量为32 744万吨，较2015年增长约25%。果品品牌数量变化如图2-4所示。截至2022年2月，中国地理标志农产品中果品数量共计957个。分品类看，核果类234个（以桃为主），仁果类164个（以梨为主），浆果类151个（以葡萄为主）（图2-5）；分区域看，华东地区最多，达279个（图2-6）；分省份看，主要集中在山东（115个）、四川（67个）、山西（58个）、新疆（57个）等。

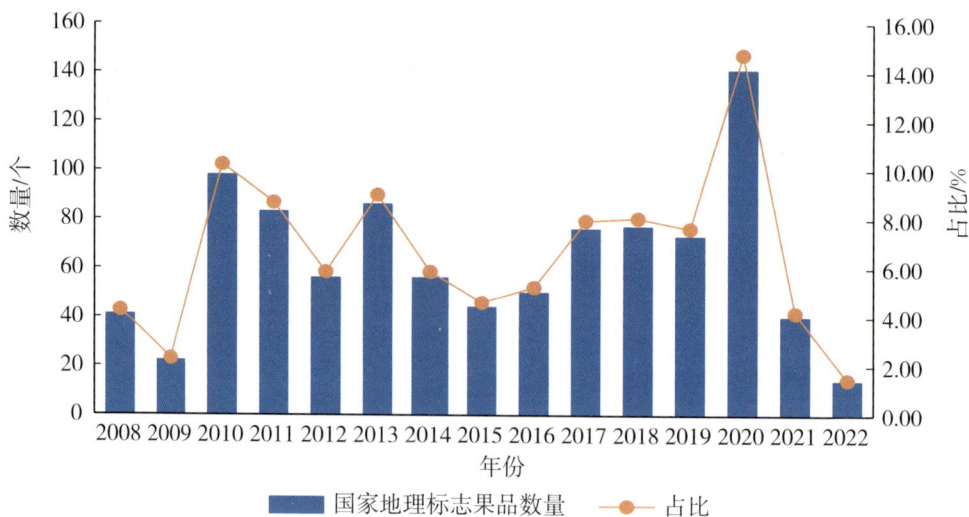

图2-4　2008—2022年中国地理标志新增果品数量变化趋势

数据来源：中国绿色食品发展中心

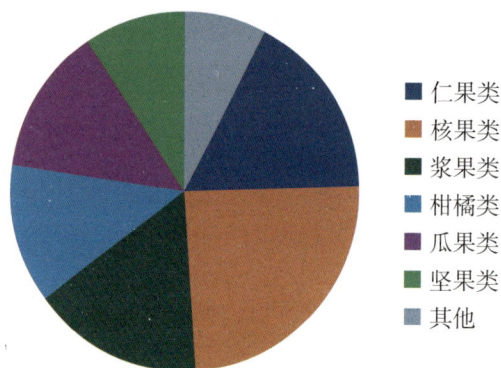

图2-5　国家地理标志果品种类分布

数据来源：中国绿色食品发展中心

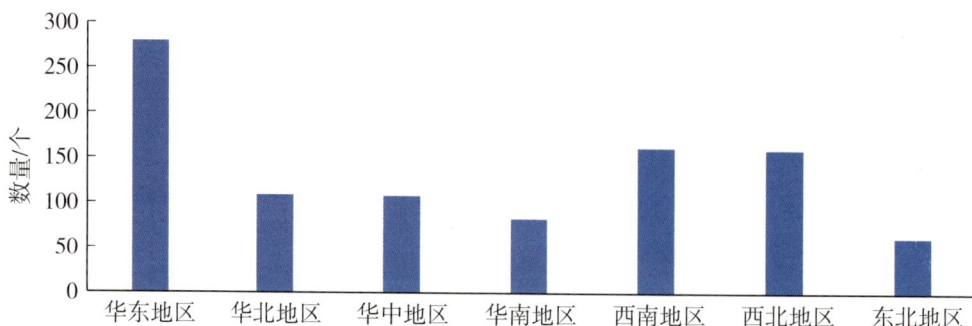

图2-6　国家地理标志果品数量区域分布情况

数据来源：中国绿色食品发展中心

（二）果品品牌价值

近年来，我国果品区域公用品牌的品牌价值呈稳步上升态势。根据部分品牌报送数据，部分果品区域公用品牌价值快速增长，如2022年烟台苹果品牌价值为153亿元、库尔勒香梨为138亿元、延安苹果为83亿元，同比分别增长1.7%、8.3%、8.5%。

（三）果品品牌国际竞争力

2023年，中国水果进出口贸易总量1 210万吨、总额为2 472亿美元，其中，进口量794万吨，出口量416万吨。进出口贸易逆差呈现持续扩大态势，2018—2023年间贸易量逆差扩大173.91%，贸易金额逆差扩大近4倍（图2-7）。按贸易金额看，中国主要出口水果品类有苹果（16%）、柑橘和橙（18%）、葡萄（14%）等（图2-8）；主要进口水果品类为榴莲（36%）、樱桃（14%）（图2-9）。

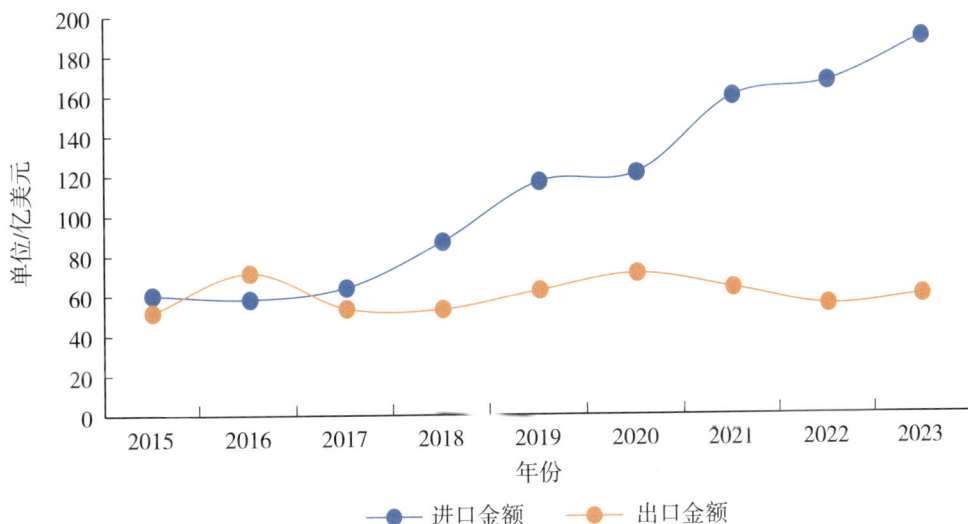

图2-7　2015—2023年中国水果进出口贸易金额逆差变化趋势

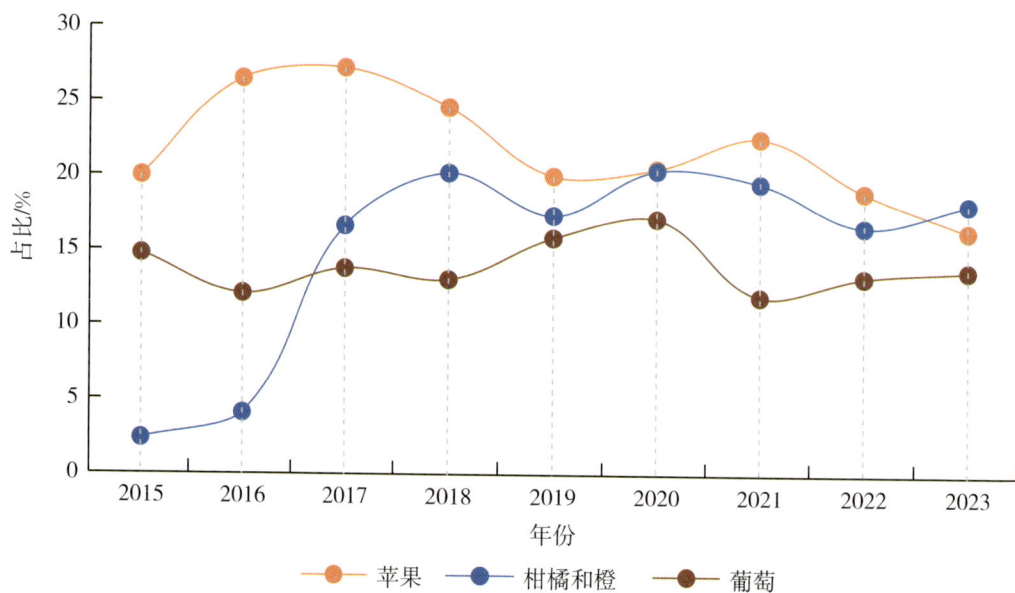

图2-8　2015—2023年苹果、柑橘和橙、葡萄出口贸易金额占比

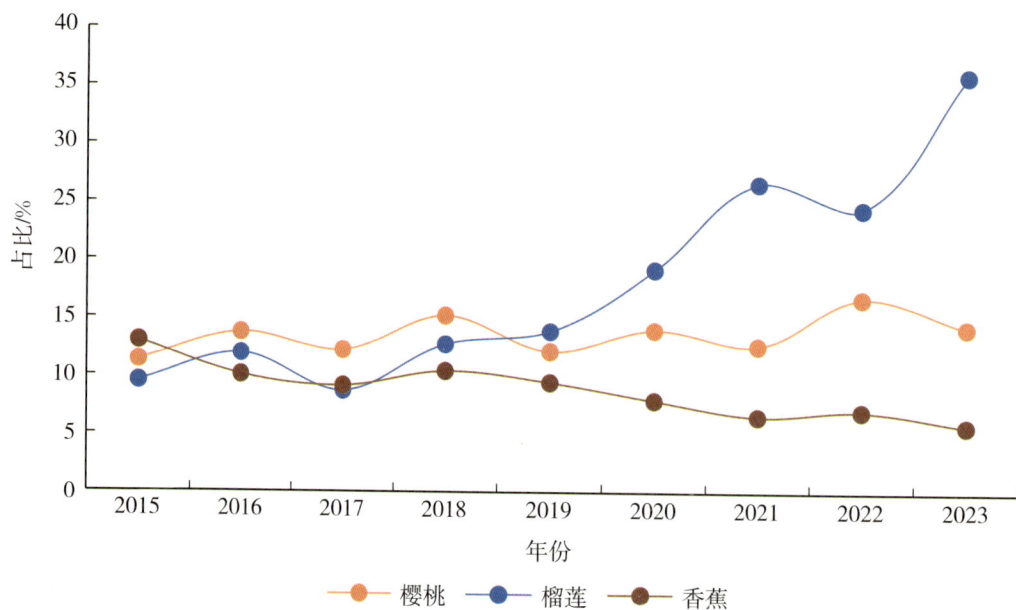

图2-9　2015—2023年榴莲、樱桃、香蕉进口贸易金额占比

数据来源：联合国贸易数据库

二、果品品牌面临的问题及建设规律分析 ——

（一）共性问题分析

果品区域公用品牌当前面临的主要问题包括以下四个方面。一是品质不稳定，因种植条件和管理技术差异导致果品质量参差不齐，损害品牌声誉和消费者信心；二是品牌影响力有限，缺乏有效的宣传策略以在激烈的市场竞争中脱颖而出；三是部分品牌假冒伪劣产品泛滥，对品牌声誉和消费者安全构成威胁；四是品牌塑造上面临多重困境，如面临产品同质化严重、营销手段不足、品牌创新能力不够，以及高素质营销人才短缺等制约品牌营销效果和整体发展的突出问题。

（二）共性挑战分析

消费者对食品安全和品质的要求日益提升，水果品牌须构建完善的品质保证和追溯体系，确保产品始终保持新鲜、优质、营养和安全。同时，加速线上线下营销网络的建设，实施差异化战略，注重品牌形象的塑造与传播，提高品牌的知名度和美誉度。

（三）品牌建设规律分析

果品品牌的发展规律主要包括地理优势与品质保证、品牌建设与推广、产业链整合与发展、科技创新与品质提升、市场定位与品种选择、市场营销与品牌建设以及持续创新与突破等方面。地理环境和自然条件为水果品牌赋予了独特的品质特点。品牌建设通过地理标志认证和品牌目录入选等方式，提升了品牌的知名度和美誉度。完整的产业链整合优化资源配置，提升整体竞争力。科技创新作为核心动力，通过新技术引进和种植技术优化，不断提升产品品质。水果品牌还需根据市场需求和自身优势，精准选择品种并明确市场定位，以在市场中获得竞争优势。市场营销的多元化策略和有效执行，则进一步提升品牌知名度和市场份额。持续创新和突破是品牌保持竞争力的关键，通过不断寻求创新点和突破技术瓶颈，才能够应对市场变化和竞争压力，实现持续健康发展。

03 三、消费者渠道品牌偏好与果品品牌建设 —

（一）消费者对渠道品牌的偏好

传统零售渠道如超市、农贸市场、水果专卖店等，仍然是果品销售的主要方式。但近年来，具有广泛覆盖面和互动性的新型电商渠道如天猫、京东、拼多多等，以及社交媒体渠道如抖音等逐步崛起，有助于提升品牌知名度和消费者黏性。

（二）消费者渠道选择的影响因素

商品特性方面，水果的新鲜度和保质期直接影响消费者渠道选择，新鲜度需求高的消费者更偏爱传统零售或社区团购等即时取货渠道。环境因素方面，经济环境决定消费者购买力，影响购买渠道选择，社会文化环境则影响消费者对购买渠道的认知和接受度。市场因素方面，地理位置、消费习惯、季节性水果供应影响渠道选择。企业自身因素方面，物流能力强的企业更倾向电商平台，管理能力强的企业更倾向直营或加盟方式。

（三）渠道品牌对果品品牌认知的影响

渠道品牌对果品品牌认知的影响主要体现在品牌传播效果、消费者购买决策、品牌忠诚度以及市场影响力。通过与优质渠道合作，果品品牌可以不断提升品牌认知度和市场竞争力。渠道品牌的定位与形象直接影响消费者对果品品牌的认知，与高端、专业的渠道品牌合作，能够显著提升果品品牌的档次和形象。

（四）渠道品牌对果品品牌销售的影响

一是渠道品牌能够帮助果品品牌迅速进入各个市场和地区，提高产品的知名度和曝光率。二是优质的渠道品牌通常拥有完善的供应链和物流体系，能够提高果品销售效率。三是果品品牌可以借助渠道品牌的营销资源，通过联合促销、广告推广等方式提高产品的曝光度和吸引力。四是通过渠道品牌的品牌影响力和市场地位，果品品牌能够获得更多市场份额和竞争优势。

四、对策建议

（一）战略定位与发展目标

果品品牌建设应融入国家重大发展战略，以提升果品产业国际竞争力和市场占有率为目标，坚持品牌数量与质量并重，精心培育一批具有国际影响力的果品品牌，推动果品产业提质增效，实现可持续发展。

（二）任务举措

一是强化顶层设计，加大果品品牌政策与资金的扶持力度，制定详细的果品品牌建设规划，明确品牌建设的战略目标、重点任务、实施步骤和保障措施，确保品牌建设能够有序进行。

二是激发企业的创新活力，围绕果品品牌建设、科技创新、装备研发和技术升级，出台财政扶持、税收优惠、金融服务等政策。

三是加强果品生产过程的监管和质量控制，推动果品生产向标准化、规模化、绿色化和可持续方向发展。培育龙头企业，支持果品行业中的龙头企业加大品牌建设投入，培育一批具有国际影响力的知名果品品牌，发挥龙头企业的引领和带动作用。

四是加强果品品牌的宣传与推广，加强与国际果品品牌的交流与合作，加大人才培养和引进力度，全面提升果品品牌建设的整体水平。

五是高度重视知识产权保护，加大对果品品牌知识产权的保护力度，营造公平、有序的市场竞争环境，严厉打击假冒伪劣产品，维护果品品牌的合法权益和形象。

水产品品牌建设研究报告

01 一、渔业发展分析

（一）渔业在大农业中的地位

渔业是农业农村经济的重要组成部分。2023年我国水产品总产量7 116万吨，连续34年居全球首位。2023年我国水产品产量超过了猪肉、牛肉与羊肉之和，为国人提供了1/3以上的动物蛋白，为解决城乡居民"吃鱼难"、丰富城乡居民"菜篮子"、增加优质动物蛋白供给、繁荣农业农村经济、保障国家食物安全等作出了重要贡献。

（二）主要水产品生产情况

我国水产品的生产模式分为捕捞（近海捕捞、内陆水域捕捞、远洋捕捞）和养殖（淡水养殖、海水养殖和半咸水养殖）。从产量结构来看，我国水产品种类以养殖水产品为主，根据《2024中国渔业统计年鉴》数据，2023年淡水养殖产量3 414万吨、占比47.98%；海水养殖产量2 396万吨、占比33.66%；海洋捕捞产量957万吨、占比13.46%；淡水捕捞产量117万吨、占比1.64%；远洋渔业产量232万吨、占比3.26%。

（三）水产品加工规模及分布

根据《2024中国渔业统计年鉴》数据，2023年全国拥有水产加工企业9 433个，水产冷库9 143座，水产品加工能力达3 015.82万吨，水产品加工率达36.87%，主要加工类别有水产冷冻品（70.63%）、鱼糜制品及干腌制品（12.89%）、藻类加工品（4.95%）、鱼粉（3.70%）、罐制品（1.63%）等，主要集中在山东、福建、辽宁、浙江、湖北、广东、江苏、广西等地。

（四）水产品国内市场与流通

据中国水产科学研究院测算，2022年我国居民消费水产品5 911万吨（以鲜重计），人均年水产品食用消费量39.75千克，近10年增长33%。从流通渠道看，超过50%的水产品通过批发市场进入市场流通。餐饮直采水产品消费比重约30%。近年来传统电商平台（淘宝、京东）、生鲜电商平台（盒马、七鲜）、直播电商（抖音）逐渐成为水产品销售的重要渠道。

（五）水产品国际贸易

根据海关统计数据，2023年我国水产品进出口总量1 056.05万吨、总额442.37亿美元，贸易逆差33.11亿美元。75%的水产品出口至东盟、日本、美国、欧盟，主要出口品种有头足类、对虾、贝类、鳗鱼、罗非鱼等。63%进口来自东盟、厄瓜多尔、俄罗斯、印度，主要进口品种有对虾、鱼粉、蟹类、龙虾、鲑鱼等。

二、水产品品牌发展分析

（一）区域品牌发展成效

根据省级农业品牌目录数据，水产类省级区域公用品牌近80个，占比约7%。水产品牌数量前七位的省份依次为江苏、福建、河北、河南、安徽、广西和黑龙江，合计占比超60%。我国水产品市场品牌化消费趋势明显。冰鲜加工制品、加工制品、预制菜品等的品牌化率显著提高，一大批如宁德大黄鱼、舟山带鱼、盱眙龙虾、阳澄湖大闸蟹等区域品牌，恒兴、国联、好当家、安井等企业品牌，淳牌有机鱼、三都港、小霸龙等产品品牌快速涌现，品牌水产品得到市场认可。

（二）品牌政策及实施情况

近年来，我国水产行业在产业基础、冷链物流、品牌建设等方面取得显著成效。自2017年农业农村部启动特色农产品优势区创建工作以来，已认定20个水产品特色优势区，聚集效应显著。2021年，农业农村部出台《"十四五"渔业发展规划》，提出强化品牌建设，塑强一批特色鲜明的区域公用品牌。各地加大品牌营销与培育力度，如山东通过"线上+线下"推广活动提升渔业品牌影响力，引领70家山东优质水产品牌企业走出山东，带动国内销售额超10亿元。在品牌主体培育方面，各地以农业品牌精品培育计划为契机，结合产业优势积极培育水产品区域品牌，如湖北重点打造"潜江龙虾"品牌，与全国近40个县（市）、100多家经营主体开展品牌运营合作，"潜江龙虾"产业综合产值突破750亿元。

（三）品牌管理及保护情况

各地通过建立完备的品牌管理保护制度支撑体系对品牌进行保障，如乳山市牡蛎协会在《中华人民共和国商标法》等商标保护系列法律法规基础上，通过修订《乳山牡蛎证明商标使用管理规则》，制定《"乳山牡蛎"地理标志产品包装印刷规范》《"乳山牡蛎"地理标志产品防伪标签使用管理办法》《乳山牡蛎证明商标许可使用合同》，以及在《中国商报》发布品牌保护法律声明，在协会网站及其他媒体发布《关于正式实施乳山牡蛎地理标志产品防伪溯源的通告》等措施，形成了完备的"乳山牡蛎"品牌管理保护制度支撑体系。

03 三、水产品品牌面临问题 ——————

（一）品牌建设起步晚，产业基础薄弱

水产品总体上长期处于产不足需的状态，各地区域品牌建设意愿不强，同时，由于其以鲜活交易为主，同类产品不同品牌辨识度低。部分主体品牌建设的重视程度不够，缺乏品牌意识。大多数主体处于小规模分散经营状态，呈现品牌多、杂、小、弱的特点，难以形成整体竞争优势。

（二）要素保障不够，制约品牌长效发展

水产品牌政策支持缺乏系统性，尽管各级政府出台扶持水产品牌发展的政策文件，但具体配套措施和制度框架仍不完善，政策执行的针对性和持续性不足。同时，水产品牌发展涉及农业、商务、市场监管等多个部门，

工作推进中存在脱节和多头管理现象，职能协作尚未形成合力。资金投入方面，许多地方缺乏专项品牌建设经费，仅依靠临时性资金支持，制约品牌的长效发展。

（三）品牌打造缺乏系统化设计，营销手段单一

水产品牌经过系统化、专业化设计的不多，有的地方以申请到地理标志产品、获得"某某之乡"作为品牌打造的终点，没有进一步发挥区域品牌的作用。部分主体缺乏明确的品牌定位和目标市场细分，品牌形象模糊，品牌营销手段单一，难以吸引消费者的关注和购买欲望。

（四）产业链建设不充分，产品质量参差不齐

水产养殖企业以分散的个体经营模式为主，大型企业较少，规模化、标准化水平低，龙头企业少且辐射带动能力弱，资源优势难以转化为产业链优势，制约品牌产品实现优质优价。同时水产企业的品牌产品质量不稳定，质量安全问题时有发生，影响消费者对水产品牌的信任度和满意度。

04 四、对策建议 ────────────

（一）持续优化品牌建设的顶层设计

强化地方政府服务职能，将水产区域品牌建设纳入核心战略，加大投入，优化服务体系，明确各方角色定位，协同推进品牌发展，形成工作合力。

（二）做大一产做强二产

从供需两端着眼，因地制宜发展特色优势产业，做强主导产业，壮大龙头企业，加速形成产业群体竞争优势、规模效益和扩散效应。提升二产加工水平，通过包装、商标等形式传递品牌信息，推动品牌高质量发展。

（三）构建多层次品牌建设主体

鼓励行业协会、龙头企业和地方政府协同参与品牌建设，引导龙头企业树立区域品牌意识，明确品牌定位，强化营销与管理，提升品牌竞争力。

（四）强化研发创新和人才队伍建设

鼓励校企合作研发精深加工产品，延长产业链，提高品牌附加值。加强科技创新，推广先进养殖技术，构建院校、培训机构、行业协会、企业等多方参与的品牌人才培养体系，提升品牌核心竞争力。

（五）加强质量安全监管

完善质量追溯体系，聚焦优势特色产业，加强标准制定修订，健全水产品标准体系，建立健全水产品供应链管理体系。

（六）加大品牌宣传力度

建立舆论引导宣传机制，利用新媒体和社交平台，聚焦精品培育，讲好品牌故事，形成主流传播矩阵效应，提升水产品牌传播声量和效果，引导消费认可优质品牌。

（七）加强知识产权与品牌保护

完善知识产权管理制度，融入农业科技管理全过程，加强知识产权培训和人才培养。建立健全品牌保护机制，依法打击侵犯商标、专利、地理标志等知识产权和销售假冒伪劣商品等行为，依法保护品牌权利人的合法权益。

茶叶品牌建设研究报告

全国农业技术推广服务中心、国家茶叶产业技术体系

01 一、茶叶产业发展分析

（一）生产情况

2000 年以来，我国茶叶产业经历从种植面积和产量快速扩增，到面积趋稳、产量提升，并逐步走向高质量发展的过程。依据国家统计局和国家茶叶产业技术体系调研数据，2023 年我国茶园面积约 5 130 万亩、茶叶产量达 350 万吨、茶叶农业总产值超 2 700 亿元，位居全球第一，占全球茶园面积和产量的 63% 和 52%。其中绿茶产量 238 万吨、红茶产量 39 万吨、乌龙茶产量 36 万吨、黑茶产量 22 万吨、白茶产量 10 万吨和黄茶产量 6 万吨。主要种植在云南（53 万吨）、福建（52 万吨）、湖北（42 万吨）、四川（39 万吨）和贵州（27 万吨）等省。

（二）市场与贸易情况

我国茶叶以内销为主，国际贸易量少。根据中国茶叶流通协会数据，2021—2023 年我国国内茶叶年均消费量约为 237 万吨，约占年均产量的 70%。"十四五"期间，我国每年约有 37 万吨茶叶出口，占年均产量的 11%，以绿茶为主（占比 85%），主要出口地为非洲（占比 60%）；茶叶进

口4万吨，以红茶为主（占比80%）。

（三）消费情况

茶叶消费低速增长，有效需求尚待激发。根据国家茶叶产业技术体系调研数据，2023年国内茶叶消费量达到241万吨（含深加工等间接消费），同比增长约2%。茶叶深加工每年消耗茶原料约20万吨，仅占茶叶总产量的6%。部分机构数据显示，2021—2024年中国青年品质袋泡茶和现制茶饮的复合增长率在20%左右；无糖茶市场份额同比增长8.7%，原味茶市场份额同比增长9.1%。

二、茶叶品牌发展分析

（一）品牌产品[①]生产情况

我国种茶历史悠久，文化底蕴深厚，孕育出如西湖龙井、黄山毛峰、武夷岩茶等历史名茶。近年来，在品牌强农政策推动下，各地涌现出一大批区域公用品牌、企业品牌和产品品牌。截至"十三五"末，我国茶叶类登记注册商标总数超68万件。根据中国农业国际合作促进会茶产业分会2023年品牌调查数据[②]，我国19个产茶省份共推出近500个茶叶区域公用品牌，超1 300个企业（产品）品牌。

[①] 《茶叶品牌建设研究报告》统计的品牌产品主要指地理标志产品（区域名茶）和企业品牌产品。

[②] 2023年，中国农业国际合作促进会茶产业分会对全国茶叶产区进行了一次品牌调查，获得福建、云南、四川、贵州、湖北、湖南、浙江、安徽、广东、广西、陕西、河南、江西、重庆、山东、江苏、甘肃、海南、西藏共19个产茶省（自治区、直辖市）相关数据。

（二）品牌产品销售情况

区域名优茶品牌销售占比较高，出口茶品牌销售占比低。从体系超400个茶青交易固定观测点数据看，2023年样本区品牌产品占47%。因历史底蕴、标准化生产等因素差异，不同品牌收益差距较大。根据《中国茶叶区域公用品牌价值评估报告》数据，2024年茶叶单位销量品牌收益第一名为洞庭山碧螺春，品牌收益为2 286元/千克，第十名为太平猴魁，品牌收益为171元/千克，差距达12.4倍。

（三）品牌主体发展及培育情况

近80%的区域公用品牌持有主体为协会组织，约7%的持有主体为科研院所或国有企业（合作社），其余为政府部门（农技推广中心或产业开发办公室等）。截至2024年，茶园面积前五省份为云南、贵州、四川、湖北、福建，省级以上龙头企业数量合计超700家。

（四）品牌政策及实施情况

茶叶品牌建设起步相对较早、重视度高。2016年农业部《关于抓住机遇做强茶产业的意见》明确指出要创响一批有全球竞争力的茶叶品牌。2021年，农业农村部等三部委联合印发《关于促进茶产业健康发展的指导意见》，强调要加快品种培优、品质提升、品牌打造和标准化生产，2022年，农业农村部印发《农业品牌精品培育计划（2022—2025年）》，目前已有19个茶叶区域公用品牌入选。

我国茶叶品牌政策主要围绕品牌创建、推广和保护展开。一是通过提供财政支持和优惠政策，如补贴茶企商标注册费用，鼓励茶叶企业进行品牌建设。二是通过举办茶叶文化活动、推介会、展览、品牌示范区等形式，提升知名度。三是加大对茶叶品牌的法律保护和知识产权保护力度，打击商标侵权行为，建立国家级茶叶品牌保护名录。2001年，《杭州西湖龙井茶基地保护条例》公布实施，"依法治茶"开始萌芽；2012年，《福建省促进茶产业发展条例》正式实施开启了我国"依法治茶"元年。2021年，我国茶产业"依法治茶"进入快速精细化、特色化的时期，梧州、杭州先后审议通过六堡茶、西湖龙井保护管理条例，保证茶叶区域公用品牌健康稳定发展。

三、茶叶品牌面临问题

（一）品牌主体创牌积极性高，但缺乏对品牌的系统性认知

根据中国茶叶流通协会数据，2023年近300家样本企业，平均每家企业约有40个注册商标，创牌积极性强。但茶企对品牌本质及建设规律认知不足，导致运营不专业、品牌体系混乱、信息传播不统一。

（二）公用品牌建设过程中，没有厘清持有主体和使用主体责任

公用品牌因"公共性"存在产权不清问题。80%的持有主体为地方行业协会，而使用主体为区域内经营单位，通常无偿或低成本使用，存在收益分配机制不清、责任不明、"搭便车"等问题，引发"公地悲剧"。

（三）区域品牌强于企业品牌，政府对企业品牌培育重视程度不够

根据国家茶叶产业技术体系消费者调研数据，超九成消费者知道"龙井茶""安溪铁观音"等茶叶区域公用品牌，而"竹叶青"等茶叶企业品牌知晓率均不足10%。地方多重视区域公用品牌，忽视企业品牌扶持，加之区域公用品牌滥用，挫伤了企业打造自身品牌积极性，企业品牌长期处于弱势。

（四）品牌传播缺乏专业的策略支持

茶叶企业对传统产品营销和渠道建设有很强的路径依赖，品牌传播缺乏系统策略支持。一是品牌传播方式单一，以广告、展会、传统店铺为主。二是传播内容同质化严重，品牌核心价值或文化高度雷同，品牌个性不鲜明，市场识别度低。三是区域公用品牌缺少共识，内部信息传递存在出入，造成消费者认知混乱。

四、对策建议

茶叶品牌建设不仅关系到茶产品的市场竞争力和消费者的认可度，也是推动茶叶产业高质量发展的关键。我国茶叶品牌建设重视程度高，品牌主体创牌积极，但建设行动不得法，发展相对滞后。在新发展阶段，茶叶品牌建设的重点是明确品牌强茶的战略定位，通过强化品牌意识，理顺体制机制，把握3B（品牌消费、品牌竞争、品牌经济）时代特征，培育壮大一批龙头企业，加强科技和文化对品牌的支撑和赋能，通过市场主体创建

一批带动茶农增收的平台品牌和可以占领消费者心智的茶叶消费品牌，进而大幅提升茶叶品牌产品产量和占比，实现品牌强茶，促进茶产业高质量发展。建议如下：

（一）培育市场主体，做强企业品牌

加强政策支持，助力企业做强自身品牌。加强品牌保护，打击侵权行为。支持企业质量提升与标准建设，培养具有国际视野的品牌管理人才。鼓励企业推进产品设计、文化创意与品牌建设融合发展，培育知名品牌。

（二）鼓励双品牌运营，明确各方权责

评估区域产业发展阶段，明确各级品牌协同运营模式。各级产区政府应盘点资源，评估地区茶产业所处发展阶段，根据实际确定品牌协同运营模式和管理策略。明确政府、企业和协会等品牌建设相关主体权责，促进品牌可持续发展。

（三）加强科技支撑，提升茶叶品质

加强科技创新，提升原料品质与加工工艺，研发多元化产品，完善质量安全追溯系统，推动产学研协同创新。打造智库平台，组建专家联盟，为茶产业科技发展规划、产品开发、市场定位等提供咨询服务。

（四）文化赋能，提升品牌内涵

挖掘地方茶文化，将茶历史茶习俗等文化元素与现代设计相融合，提升品牌形象与文化认同感。通过品牌故事传递茶叶特色，保护品牌文化知识产权，加强文化体验传播，增强品牌与消费者的情感联系。

中药材品牌建设研究报告

01 一、中药材产业发展分析

（一）生产情况

中国中药材品种丰富，共有一万多种药用植物，常用中药材品种超过500种，主要分为植物类（约80%）、动物类（约15%）、矿物类（约5%）和其他。2023年我国中药材种植面积达9 000万亩，产量为520万吨，市场需求量505万吨，总产值超过3 000亿元。主要分布在云南（903万亩）、四川（850万亩）、贵州（803万亩）、河南（570万亩）、广西（560万亩）等省份。分地区看，东北地区盛产人参、五味子、鹿茸等，华北地区盛产金银花、枸杞、全蝎等，西北地区盛产甘草、大黄、肉苁蓉等，华东地区盛产丹参、太子参、白术等，华中地区盛产桔梗、天麻等，西南地区盛产三七、石斛等，华南地区盛产砂仁、巴戟天、陈皮等。

（二）市场贸易情况

中药材的营销渠道主要包括中药市场与药材批发商、中药企业、农村合作社、药店与医疗机构、国际贸易和线上平台。据我国海关数据显示，2023年我国中药材出口量达13万吨，同比下降2.1%，主要出口品类有人参、枸杞、当归等，主要出口目的地为日本、越南。进口量达18万吨，同比增长37%，主要进口品类是豆蔻、西洋参、姜黄等，主要从印度尼西亚、加拿大和缅甸进口。

（三）加工情况

中药材加工可分为初级加工、中级加工和深加工。初级加工包括清洗、干燥、切片等。中级加工包括提取和分离，用于生产药材提取物和饮片。深加工指运用现代技术，生产中成药、保健品等高附加值产品。截至2023年底，全国规模以上中药饮片加工企业数量超过2 000家，中成药加工企业数量超过3 000家。根据中国医药企业管理协会数据，2023年中药加工业营业收入达到7 095亿元，中药饮片加工营业收入为2 173亿元。

（四）消费情况

国内市场中药材消费主要集中在华东、华南、华北等地区。中西部地区随着经济发展和健康意识提升，对中药材的需求也在逐步增长。国际市场对原料性药材需求较大。东南亚受中华文化影响，对中医药接受度高，是中药材出口的重要市场。日本、韩国等国对中医药有一定认可度，对高品质中药材需求较大。欧美国家对中医药的认识逐渐深入，对中药材的需求呈现增长趋势，但主要集中在保健品、功能食品等领域。

二、中药材品牌发展分析 ——————

（一）品牌产品生产情况

随着人们对中医药的认可度不断提高，以及国家对中医药产业的扶持力度加大，中药材商标注册数量呈现快速增长趋势。其中中成药、中药饮片、中药保健品等品类商标注册数量较多，中药材提取物商标注册数量相对较少。从生产数量上来看，中成药生产量最大，年产量超过数千亿片（粒、支）。中药饮片生产量相对稳定，主要供应中医医疗机构和药店。随着健康意识的提升，中药保健品生产量逐年增长。中药日化品市场尚处于发展初期，生产量相对较小。从标准化程度来看，中国已建立较为完善的中药材种植、生产、加工、流通等环节的标准体系，如《中华人民共和国药典》《中药材生产质量管理规范》（GAP）等。知名品牌标准化程度高，通常拥有完善的标准化生产体系，严格按照相关标准进行生产和质量控制（表2-2）。中小企业标准化程度参差不齐，需要进一步加强。从品牌分布来看，中药材产业地域特色明显，品牌众多，如江浙地区的"雷允上""胡庆余堂"，北京的"同仁堂"，湖南的"湘九味"等中药材品牌，但总体而言，知名品牌较少，市场集中度不高。

表2-2 中国地理标志中药材分布情况

序号	主产省份	主要品种
1	宁夏	枸杞
2	青海	枸杞
3	广东	陈皮、橘红、巴戟、粉葛、巴戟天、何首乌
4	吉林	人参、边条参
5	湖北	蕲艾、莲子、肚倍、独活、党参、黄连、桔梗、柴胡
6	云南	三七、天麻、紫皮石斛、铁皮石斛
7	陕西	绞股蓝、杜仲、黄芪、大黄
8	安徽	石斛、黄精、凤丹、芡实、瓜蒌籽、桔梗
9	江西	白莲、覆盆子
10	浙江	铁皮石斛、佛手、菊米、白莲、乌药、西红花
11	四川	麦冬、白芍、丹参、川白芷、玉竹、桔梗、明参
12	广西	罗汉果
13	湖南	莲子、黄精、茯苓、杜仲、玉竹、半夏
14	新疆	枸杞、无刺红花
15	河南	冬凌草、北艾、连翘、夏枯草、栀子、甘草、地黄、半夏

序号	主产省份	主要品种
16	西藏	冬虫夏草、天麻
17	贵州	天麻、金钗石斛、金银花
18	甘肃	当归、白条党参、半夏、黄芪、枸杞、半夏、大黄、柴胡
19	内蒙古	肉苁蓉、锁阳
20	山西	潞党参、连翘
21	山东	西洋参、蟋蟀、丹参、白花丹参、罗汉参、黄芩
22	河北	柴胡
23	重庆	黄连、金银花、丹皮
24	福建	太子参、黄栀子、砂仁、仙草
25	辽宁	山参、龙胆
26	江苏	白首乌、白何首乌

资料来源：根据2022中国地理标志农产品（中药材）品牌声誉前100位（zju.edu.cn）整理。

（二）品牌产品加工情况

中药材原料销售占比约10%，如用于中医配方或家庭煎煮的人参、枸杞、当归等。初加工占比约30%，包括中药饮片（切片、粉碎、炮制等）和中药提取物（浓缩、干燥等），主要用于中医配方、中成药生产和保健品原料。精深加工占比约60%。包括中成药（丸剂、片剂、胶囊等）、中药保健品（口服液、颗粒剂等）、中药日化品等。

（三）品牌产品销售渠道

中药材品牌产品的销售渠道中，40%是医院，主要销售中成药和中药饮片；30%是零售药店，主要销售中成药、中药饮片和部分保健品；20%是电商，主要销售中成药、保健品和部分饮片；部分品牌采用直销模式，销售占比约为10%。

（四）品牌主体发展及培育情况

全国规模以上中药材种植企业数量超过1 000家，加工企业数量超过2 000家。全国中药材专业合作社数量超过1万家，成员数量超过百万。全国中药材家庭农场数量超过10万家。全国中药材种植大户数量超过百万户。全国中药材种植小农户数量超过千万户。

（五）品牌政策及实施情况

近年来，政府通过政策引导、资金支持、技术服务等措施，中药材品牌知名度和影响力不断提升，产品质量和安全得到保障。有关部门陆续出台一系列文件，对相关工作予以指导。如《中药材生产质量管理规范》（GAP），规范中药材种植过程；《关于促进中医药传承创新发展的意见》提出加强中药材种质资源保护利用等任务；《关于促进中药材流通发展的若干意见》鼓励发展中药材电子商务、现代物流等；《中药材品牌培育与保护指导意见》指导中药材企业和产区开展品牌建设；《关于促进农村一二三产业融合发展的指导意见》鼓励发展中药材产业化经营，培育新型农业经营主体；《关于实施中华优秀传统文化传承发展工程的意见》提出加强中医药文化传承与创新。

三、中药材品牌面临问题

（一）品牌定位不清

中药材产业历史悠久，产品种类繁多，不同产品的功效、适用人群、市场定位差异较大。许多企业缺乏清晰的品牌定位，导致产品同质化严重，难以形成差异化竞争优势。

（二）政策支持不足

虽然近年来政府出台了一系列促进中药材产业发展的政策，但对于品牌建设的支持力度仍然不足。品牌评价标准、品牌保护机制等方面仍需完善，缺乏系统性的品牌政策体系。

（三）营销服务体系不健全

中药材产业品牌营销专业人才匮乏，营销理念相对滞后，缺乏有效的品牌推广渠道和手段。许多企业仍依赖传统的销售模式，难以适应现代市场竞争。

（四）品牌管理保护较弱

一些中药材企业品牌保护意识薄弱，缺乏有效的品牌管理机制。同时，市场上存在一些假冒伪劣产品，损害了正规企业的品牌形象和消费者权益。

（五）联农带农效果不佳

中药材产业链条长，涉及种植、加工、流通等多个环节，利益分配机制不完善。一些企业在品牌建设过程中忽视了与农户的利益联结，导致农户参与度不高，难以实现联农带农的目标。

四、对策建议 ————————————

（一）定位目标

战略定位应以质量为核心，以文化为灵魂，以创新为驱动，打造一批具有国际影响力的中药材品牌。具体思路：第一，通过多种渠道宣传推广，提高中药材品牌在国内外的知名度和美誉度；第二，提升产品质量，加强品牌保护，打造差异化竞争优势；第三，拓展国际市场，提升中药材品牌国际影响力；第四，提高中药材品牌附加值，促进产业转型升级，实现高质量发展。

（二）政策方向

完善品牌政策体系。制定中药材品牌评价标准。加强品牌监管，严厉打击假冒伪劣产品。支持企业开展品牌创新，鼓励开发中药材新产品、新技术、新模式。搭建品牌交流合作平台，鼓励企业、科研机构、行业协会等合作共赢。

（三）主要路径

第一，质量提升。制定中药材品牌评价标准，完善品牌认证制度。加强中药材种植、加工、流通等环节的质量控制，确保产品质量安全。第二，文化挖掘。深入挖掘中药文化内涵，将其融入品牌形象塑造中，提升品牌文化价值。利用多种渠道宣传中药材品牌，提升品牌知名度和美誉度。第三，创新驱动。鼓励企业开展产品创新、技术创新、营销创新，打造差异化竞争优势。第四，市场拓展。积极拓展国内外市场，提升中药材品牌国际影响力。第五，加强品牌人才培养。培养中药材品牌管理、营销等方面的专业人才，为品牌建设提供智力支持。第六，加大品牌保护力度。严厉打击假冒伪劣产品，维护品牌权益。